guíaburros

MARCA PERSONAL

MARÍA JOSÉ BOSCH

www.marcapersonal.guiaburros.es

EDITATUM

Diseño de cubierta: © Looking4

Maquetación de interior: © Editatum

Primera edición: Noviembre de 2017

Segunda edición: Diciembre de 2018

ISBN: 978-84-946457-3-0

Depósito legal: M-30897-2017

Impreso en España/ Printed in Spain

Agradecimientos

Mi más sincero agradecimiento:

A quienes me han demostrado la importancia de tener una buena Marca Personal.

A quienes me han enseñado las estrategias para lograrla.

A quienes me han descubierto que no debemos tener una buena Marca Personal para ser conocidos sino para que valga la pena conocernos...

Sobre la autora

María José Bosch es una profesional de la comunicación con más de veinte años de experiencia en los medios de comunicación más importantes (Cope, Onda Cero, Inter). Ha recibido dos Antenas de Plata otorgadas por la Federación de Profesionales de Radio y Televisión, por *La Luna* en **Cope Radio** y *El color de la tarde* en **Radio Inter**.

En televisión ha dirigido y presentado tres formatos basados en psicología y superación personal en PopularTV premiados por *El Foro del Espectador*.

Entre 2012 y 2014 dirigió la revista *CVB*, una publicación de alta gama centrada en moda, gastronomía, cultura, turismo y ocio de España.

Es autora de *La danza de las emociones,* de *Yo soy single. ¿Y qué?*, de la editorial EDAF, *Calla Canalla* (Random House Mondadori) y *Manual Antiaging* (Arcopress 2015).

Dirige la Agencia de Comunicación **Comunicados Bussiness Comunication** y la productora de contenidos audiovisuales **Egoon**.

Índice

Marca Personal o el arte de destacar sobre los demás

Introducción

El 31 de agosto de 1997, en la revista *Fast Company*, Tom Peters publicaba un artículo titulado *La marca llamada tú* (The Brand Called You), donde empezaba con una sentencia que revolucionó el panorama del desarrollo personal: "Las grandes compañías comprenden la importancia de las marcas. Hoy, en la era del individuo, tienes que ser tu propia marca. Esto es lo que necesitas para ser el director general de "Yo, S. L.".

Más de una década después, este tema sigue siendo de absoluta actualidad. Aunque el término se emplee desde hace relativamente poco tiempo, el concepto ha existido siempre, la marca personal en realidad hace referencia a la célebre reputación, fama o reconocimiento.

La Marca Personal combina tres elementos: la relevancia, la confianza y la notoriedad.

- **Relevancia**: Implica ser útiles, satisfacer una necesidad y hacerlo bien.
- **Confianza**: Vivimos en un mundo en el que hay muchas personas capaces de satisfacer una necesidad o

realizar un trabajo. La sensación de confianza puede ser la diferencia...

- **Notoriedad**: De nada sirve ser útil y fiable si nadie te conoce. Necesitas visibilidad.

¡OJO!

La Marca Personal tiene como objetivo hacerte destacar frente a tus competidores y reforzar tu valor como profesional.

"El mundo online nos exige trabajar en construir nuestra marca individual para lograr convertirnos en una referencia dentro de nuestro sector", explica Andrés Pérez Ortega, asesor de estrategia personal.

1. Tienes que ser bueno en lo que haces.
2. Estar especializado.
3. Generar la confianza necesaria para confiar en que eres capaz de cumplir lo que prometes.

⚠ **IMPORTANTE**

Si sabes cómo gestionar tu marca personal y tu red de contactos, puedes convertirte en un profesional destacado en el entorno hiper conectado y competitivo del siglo XXI.

Las grandes compañías entienden la importancia de las marcas. Hoy, en la era de las personas, tú debes ser tu propia marca.

Tom Peters

Dos máximas de Tom Peters sobre la Marca Personal:

1. Buscar aquello que nos hace diferentes y potenciarlo al máximo para ganar presencia y relevancia tanto si trabajamos por cuenta propia o ajena.
2. El secreto está en dar verdadero valor a todas nuestras acciones profesionales en lo que Peters denomina "proyectos".

> ¡OJO!
> Entiende cada trabajo, cada tarea como un proyecto, un reto gratificante mientras lo estás realizando y una vez finalizado, un valor añadido para tu marca.

Pero, ¿qué es exactamente una **Marca Personal**?

Sencillamente es lo que los demás piensan de ti. Y esta imagen no es fruto del azar, se crea a través de experiencias, impactos, interacciones, diseños, comunicación, etc.

◉ ¡OJO!

La Marca Personal es la huella que dejas en quienes te rodean; viene determinada por la percepción, el recuerdo, la sensación que produce tu nombre en tu entorno.

⚠ IMPORTANTE

Al igual que las marcas comerciales, debe ser elaborada, transmitida y protegida, con ánimo de diferenciarte y conseguir mayor éxito en tus relaciones sociales y profesionales.

Lograr una buena Marca Personal está directamente relacionada con tu potencial, valoración, reconocimiento y visibilidad. Tener una marca personal sólida puede establecerte como experto de tu campo por tanto, mejora la exposición de tu negocio y refuerza tu reputación.

◉ ¡OJO!

El objetivo es crear una Marca Personal sólida que te posiciones en el mundo físico, pero naturalmente también en el entorno digital.

Andrés Pérez Ortega, autor del libro *Marca Personal: como convertirse en la opción preferente*, así lo explica: "La marca personal pretende ayudar a las personas a posicionarse, a ocupar un lugar preferente en la mente de otros (jefes, colaboradores, clientes, votantes, colegas, familia, amigos...)"

👁 **¡OJO!**

No se trata de vender humo. Si una marca personal no es capaz de aportar nada, todo lo demás no tiene sentido. Por tanto este concepto ayuda a sobresalir a quienes aportan valor.

⚠ **IMPORTANTE**

"Hay que conectar con las personas, aprender a escuchar y demostrar mediante la experiencia que uno es una persona auténtica y de confianza" advierte Mel Carson, experto en marcas personales, quien asegura que el mayor error es pensar que todo consiste en promocionarse a sí mismo.

Las tres preguntas de la Marca Personal:

1. ¿Qué te hace realmente diferente?
2. ¿Cuál es la imagen que proyectas? ¿Cómo te perciben?
3. ¿Cómo quieres ser recordado?

Y ahora:

1. Focaliza.
2. Trabaja en la coherencia.
3. Se creíble. Confiable.

Define tu objetivo

¡Vamos a ello! Define tu objetivo y elabora estrategia para lograrlos.

¿Ya has definido tus metas a corto y largo plazo? De nada servirán las estrategias, conocimientos y habilidades que tengas si no existe un objetivo conciso.

Si aún no has definido tus objetivos, tus metas a corto, medio y largo plazo, comencemos por el principio:

> *Si no tomas el tiempo para definir qué quieres hacer en tu vida, pasarás el resto de tu vida realizando las metas de los demás.*
>
> Steve Pavlina

⚠️ **IMPORTANTE**

El/los objetivos deben ser claros y precisos. La mente necesita mensajes definidos para actuar con eficiencia. La dispersión impide la consecución de objetivos.

Ventajas de tener un objetivo definido:

- Facilita la gestión del tiempo.
- Permite el establecimiento de prioridades.
- Evita la dispersión y la pérdida de recursos.

El mero acto de definir lo que quieres, aumenta enormemente la probabilidad de alcanzarlo. La orientación hacia objetivo te permite concretar tu visión y convertirla en acciones específicas y tangibles.

Una vez definas correctamente tu objetivo, será mucho más fácil identificar cuáles son las acciones más eficientes para iniciar el camino que los convertirá en realidad.

⚠ **IMPORTANTE**

Las personas que tienen éxito en sus áreas piensan la mayor parte del tiempo en sus objetivos y en cómo lograrlos y, las que no tienen éxito piensan la mayor parte del tiempo en sus problemas, criticando, quejándose y excusándose. Tú eliges...

Consejos de libro

¡Acción! Es el comienzo de todo. El paso ineludible. Es la actitud vital. Si no empiezas a trabajas en tu objetivo difícilmente lo alcanzarás.

Comparte tus objetivos: contacta a tus seres queridos, personas de confianza, entorno cercano y coméntales el objetivo que te has propuesto. La *vergüenza torera* funciona en la inmensa mayoría de nosotros. ¡Comparte tus objetivos!

Autorrecompénsate: no te consientas, pero premia tus logros.

3, 2, 1 ... Operación: SMART

Un objetivo o meta debe estar bien formulado. El acrónimo SMART representa una sencilla forma de recordar las características que debe cumplir un buen objetivo.

- *Specifics*: Específico.
- *Measurable*: Medible.
- *Achievable*: Realizable.
- *Realistic:* Realista.
- *TimeBound*: Limitado en el tiempo.

Establecer la meta con parámetros cuantificables en un período determinado garantiza mayores posibilidades de éxito.

👁 **¡OJO!**

La indefinición en cantidad y tiempo te complicará mucho la consecución de la meta.

Diseña estrategias para alcanzar objetivos

Una estrategia es la definición de un plan para dirigir un asunto. Está orientada a alcanzar un objetivo siguiendo unas determinadas acciones (bien planificadas) que te ayudarán a conseguir los mejores resultados posibles.

Tus siete preguntas básicas:

1. ¿Cuál es el objetivo que persigues?
2. ¿Qué pasos tienes que seguir para lograr ese objetivo?
3. ¿Qué opciones tienes en este momento?
4. ¿De cuántas formas distintas puedes alcanzar tu objetivo?
5. ¿Qué recursos pueden ayudarte a cumplir tus metas?
6. ¿Dispones de ellos? ¿Cómo puedes lograrlos?
7. ¿Cómo vas a medir tu progreso?

Focalizar. Coherencia. Ser creíbles. Confiables

- **Tu imagen:** Lo que ven los demás, que se ajuste a aquello que queremos proyectar.
- **Nuestras palabras:** Seleccionar el lenguaje y el tono adecuado. Gestionar las emociones.
- **Tus silencios:** Presta atención a la comunicación no verbal.

- **Tus acciones:** Ajuste perfecto entre lo que dices con lo que haces. Sin coherencia no hay credibilidad.

Hay un tiempo para preparar el terreno, otro para sembrar y otro para cosechar, no alteres esos momentos si quieres lograr tus objetivos.

Anónimo

Storytelling o el arte de contar historias

Pero no una historia cualquiera, ni contada de cualquier manera: El *storytelling* es una narración que atrapa y cautiva.

> 👁 **¡OJO!**
> El marketing no es tanto las cosas que vendes si no las historias que cuentas...

La finalidad de tu *storytelling* es que logres una vinculación emocional con tu público. No olvides que para lograrlo es necesario que tu historia no solo capte el interés, también es preciso que su contenido convenza a tu público objetivo de que puedes resolver su problema. Es decir, tu historia debe generar confianza.

La poderosa atracción de las historias

Contar historias como medio para formar, motivar o influir es una técnica tan antigua como el hombre de la que poseemos innumerables ejemplos que se remontan a la antigua Grecia.

✦ *Cuéntame un hecho y lo aprenderé. Cuéntame una verdad y la creeré. Pero cuéntame una historia y vivirá por siempre en mi corazón.*

Steve Pavlina

Storytelling, el arte de contar historias

Una historia convincente y emocionante se conoce en la industria del marketing como el arte del *storytelling* o el arte de contar historias.

Y cómo se logra, te preguntarás: es sencillo.

Una buena historia puede lograr que muchos potenciales clientes sean capaces de interiorizar mejor tu mensaje y comprender cuál es tu verdadero valor. ¡Ahí es nada!

¡OJO!
El *storytelling* es una obligación si entre tus planes, está despertar la atención, seguridad y notoriedad de tu proyecto.

¿Para qué utilizar *storytelling*?

- Para conectar emocionalmente con tu público objetivo.
- Para contar tu historia de marca de manera convincente y efectiva.
- Para entretener y despertar interés en tu público.
- Para activar la imaginación de tu comunidad y despertar su lado más emotivo.
- Para generar recuerdo de marca.

⚠ **IMPORTANTE**
Practicar storytelling *te permite trabajar con eficiencia para generar* engagement, *que no es otra cosa que la conexión entre tu marca y tu público.*

Tres elementos imprescindibles para elaborar tu *storytelling*:

1. Factor sorpresa.
2. Experiencias.
3. Memoria.

> ⚠️ **IMPORTANTE**
>
> *La historia debe ser sencilla de contar y muy fácil de recordar.*

Claves para un buen *storytelling*:

- Sorprender a la audiencia.
- Generar interés y expectativas.
- Crear relaciones profundas.
- Humanizar la marca.

Crea tu *storytelling* en dos pasos:

1. **Desarrolla el guion** de la historia que vas a contar, piensa en el eje central de tu historia, ese es tu primer paso.

> 👁 **¡OJO!**
>
> Sobra decir que **no se puede improvisar...**

Responde a estas preguntas, por ejemplo:

- ¿Cuándo decidiste comenzar el proyecto?

- ¿Dónde estabas en aquel momento?, ¿cual era tu actividad?
- ¿Qué hizo que tomases la decisión de poner en marcha tu proyecto?
- ¿Con qué dificultades te encontraste?
- ¿Cómo las resolviste?

2. **Narra los conflictos**. Déjate ver, ese es el mensaje. Probablemente hayas cometido equivocaciones, enfrentado a dificultades que pusieron en juego tu proyecto. Tu público, tus seguidores, deben percibir que realmente estás abriendo tu corazón para compartir experiencias con las que pueden sentirse identificados, circunstancias, sucesos que también pueden ocurrirles a ellos.

¡OJO!
Un *storytelling* siempre habla de emociones humanas.

⚠ **IMPORTANTE**
Narra con detalle las acciones que llevaste a cabo para lograr superar las etapas de dificultades.

Y no olvides aportar una pincelada de humor a tu relato.

No se trata de que te conviertas en monologuista, claro, es un toquecito... sutil y con estilo.

Storytelling para tu estrategia de marketing

Una vez hayas logrado la versión amplia y completa de tu historia personal, sería interesante que hicieras otra versión reducida que te permita utilizarla en tu estrategia de marketing online.

- **En tu web**: Es el sitio perfecto para hablar de tu marca.
- **En tu blog**: Cuenta historias en tu blog. El *storytelling* enseña el lado más humano de las marcas personales y de empresa. Te sugiero que incluyas alguna anécdota con algún cliente, tu equipo, tu familia... humaniza, humaniza y humaniza.
- **RRSS:** Vincúlate con la *storytelling*.
- **Tira de historia en tus presentaciones:** Puedes conmover, inspirar, emocionar o sencillamente, arrancarle una sonrisa a tus seguidores.
- **Conecta con** *storytelling* **por email**: Cuenta historias en tus campañas de Email Marketing y será más que

probable que tus suscriptores conecten emocionalmente con tus contenidos o productos.

- **Cuenta tu historia en podcasts:** Ofrece tu historia o
la de tu empresa en formato audio.

El contenido es el rey

Marketing de contenidos es el arte de comunicarte con tus clientes y seguidores sin venderles nada... de nada.

Es un término ampliamente conocido en el marketing anglosajón: *The content is a king.*

> ⚠ **IMPORTANTE**
>
> *Resulta vital para mejorar nuestro posicionamiento, para hacer branding y para mantener nuestros sitios actualizados.*

Nuevos requisitos del señor Google.

Google posiciona mejor a los sitios webs que aportan valor, es decir, el poderoso Sr. Google premia la calidad.

- Aquellos que acumulan más recomendaciones a través de las redes sociales, entendiendo que este hecho certifica la calidad del sitio.
- Los que tienen contenidos más extensos e interesantes: premia los sitios donde los visitantes pasan más tiempo.
- Los sitios originales: Google detecta los contenidos repetidos y los sanciona.
- Aquellos que contienen más enlaces externos e internos; estos links deben funcionar bien, si están rotos o

conducen a ninguna parte también te penaliza.

- Los que contienen imágenes, nombradas con tus palabras clave, videos de youtube enlazados, etc.

> **◉ ¡OJO!**
>
> Generar contenidos de auténtico valor y compartirlos permite que tus seguidores y clientes te perciban como una fuente de información fiable y contrastada. Un importante detalle que revaloriza tu marca personal.

El contenido es el rey. ¡Todo el mundo necesita contenido! Generar contenidos se ha convertido en un "mantra" para empresas y marcas. Pero, **¿por qué generar contenido de valor es tan importante para tu empresa/ marca?**

- Porque generas credibilidad, confianza.
- Porque te permite captar nuevos clientes, seguidores, suscriptores...
- Porque logra mantener el interés de tus actuales clientes o seguidores (fidelización y *engagement*).
- Porque posicionas en buscadores (SEO).
- Porque generas leads de calidad a bajo coste.
- Porque obtienes *feedback* por parte de consumidores y seguidores.
- Porque con ellos transmites valores de empresa.
- Y mucho más.

¿Cómo lograrlo? **Generando contenido de valor.**

Ofrecer contenido de valor es la más efectiva de la forma de destacar y ser recordado.

Pero, **¿cuándo generas valor en tus contenidos?**:

1. Cuando solucionas un problema.
2. Cuando aportas un beneficio.
3. Cuando cubres la necesidad de un determinado colectivo.

⚠ IMPORTANTE

Memoriza como un "mantra": identifica tu audiencia, identifica sus problemas y soluciónaselos.

No olvides que el contenido de valor:

- Resuelve una necesidad.
- Trata sobre algo en lo que eres bueno (muy bueno).
- Es interesante y útil.
- Utiliza el mismo lenguaje que el de tu público potencial.

Los tres pilares del contenido útil

Para cualquier estrategia de marketing de contenidos:

1. Educación.
2. Entretenimiento.
3. Inspiración.

Educación

Educar es una de las mejores fórmulas que existen para crear contenido de valor para tu audiencia. Pon tu esfuerzo en enséñales a hacer lo que quieren. Así de fácil.

Observa como los contenidos más vistos y escuchados están relacionados con las formas de hacer una determinada tarea. No falla.

⚠ **IMPORTANTE**
Interésate por saber qué es lo que demanda tu audiencia, ¿qué les interesa? ¿qué problemas tienen?

- Investiga.
- Haz preguntas a tus seguidores de Facebook.
- Envía una encuesta por correo.
- Lanza encuestas en tu blog.

Entretenimiento

Entretener es también contenido útil. El vídeo es el contenido que más entretiene. Muchas empresas utilizan este canal de comunicación para entretener e informar al mismo tiempo. O para educar mientras entretienen.

Inspiración

Hay marcas que inspiran. Crean contenidos motivadores que animan a realizar una acción determinada, aunque no sea directamente comprar uno de sus productos. En este tipo de contenidos siempre encontrarás una historia detrás.

> ⚠ **IMPORTANTE**
>
> *El storytelling es un recurso muy potente para crear empatía y conseguir inspirar a tu audiencia.*

El marketing de contenidos tiene cuatro objetivos:

1. **Captación:** Atraer visitas a tu web o tu blog.
2. **Conversión:** Conseguir que ese tráfico que llegue a tu web se convierta en *lead*, dejando sus datos.
3. **Venta:** Conseguir que esos *leads* se conviertan finalmente en clientes.
4. **Fidelización:** Conseguir que tus clientes actua-

les, clientes potenciales (*leads*) o simplemente visitantes a tu web, hablen bien de tu marca, de tus productos o servicios.

El SEO: La base del marketing de contenidos

El SEO es el cimiento de casi cualquier actividad en Internet dirigida a generar tráfico a tu web.

⚠️ **IMPORTANTE**

No solo tu web, sino todos los contenidos (o un 90%) deberían estar optimizados para su posicionamiento en Google.

👁 **¡OJO!**

Elige bien las palabras clave y optimiza los contenidos.

⚠️ **IMPORTANTE**

No olvides que también debes optimizar tus perfiles sociales. Comprueba si la biografía o información de tu empresa/ Marca Personal contiene las palabras clave por las que quieres posicionar tu negocio.

Herramientas para diseñar contenidos de valor en redes

> ⚠ **IMPORTANTE**
>
> *Si quieres llegar al consumidor no grites a tus seguidores, lectores, oyentes, telespectadores... No hagas publicidad invasiva, está muy anticuada y es muy, pero que muy cansina... Crea y ofrece contenidos interesantes y útiles, ergo, Content Marketing para atraer a nuestro público objetivo.*

Claves para generar (verdadero) contenido de valor:

1. Identifica tu audiencia y olvídate de ti, de tu producto, servicio o causa.
2. Céntrate en tu cliente (o potencial cliente). El contenido de valor tiene el poder de fidelizan a tu audiencia siempre y cuando, eso sí, aporte algún tipo de ayuda y que les ahorre tiempo y búsqueda en la red.

> ⚠ **IMPORTANTE**
>
> *Los contenidos deben estar bien escritos y presentados, ser coherentes y originales.*

👁 ¡OJO!

¡Olvídate de lo que no sea tu especialidad! El diseñador está capacitado para analizar tendencias, un profesor de cualquier especialidad puede grabar vídeos con micro clases, una tienda de bricolaje puede ofrecer tutoriales para realizar distintas actividades con sus herramientas, una guardería podría tirar de recursos y consejos de educación infantil... y así...

Dos preguntas vitales

Para atrapar a tu audiencia, despertar el interés de tus potenciales clientes y fidelizar a los que ya tienes, formúlate algunas preguntas (y encuentra su respuesta, claro).

Responde a dos tipos de preguntas:

- **FAQs**: Las preguntas que habitualmente te hacen tus clientes.
- **SAQs**: Las preguntas que deberían hacer tus clientes pero que no tienen suficiente conocimiento para formulártelas.

Resuelve las FAQ´S y SAQ´S de tus clientes potenciales

⚠ IMPORTANTE

Recuerda en todo momento que el contenido debe estar pensado para facilitar, orientar, atraer, informar y ayudar. No para vender.

Formas de presentar tu contenido de valor

Su majestad Internet te ofrece distintos medios para crearlos, ¡aprovéchalos!

Puedes usar uno o varios a la vez, dependiendo de tu presupuesto, disponibilidad de tiempo, y los objetivos que quieras alcanzar.

- **E-book**: Ofrece a tu sitio web un toque profesional. Un libro genera autoridad Por ejemplo, podrías regalarlo de forma exclusiva para suscriptores. Puedes ponerte en contacto con editoriales como **Editatum** para publicar tus eboooks y también versión en papel. Súbelo también a la mayor librería del mundo: Amazon. Obtendrás una gran visibilidad y ayudarás a potenciar tu negocio.

- **Artículo de blog:** Permite una publicación frecuente y es la plataforma más apropiada para actualizar tu web con frecuencia.

- **Newsletter**: La newsletter es el complemento ideal a tus post del blog, vídeos e infografía.

- **Vídeos**: Existen numerosos contenidos que encajan muy bien en un video:

  - Testimonios de clientes.
  - Vídeo tutoriales (How to).
  - Vídeoentrevistas con líderes del sector.
  - Vídeo mostrando el interior de tu empresa y/o de tu equipo.
  - Vídeos animados.

- **Infografías e imágenes**: Son contenidos muy apreciados no solo por el público en general, también por periodistas y bloggers. Se comparten con mucha frecuencia en redes sociales.

¡OJO!
Las infografías e imágenes requieren de un buen diseño.

- **PDFs**: Si tienes contenidos que pueden ir en pdf, publica también en este formato, posiciona bien.

¡OJO!
No olvides optimizar también el pdf con palabras clave.

- **Presentaciones en Slideshare**: Cualquier presentación que utilices en formato Power Point o similar, súbela a SlideShare.

- **Webinars**: Es una estupenda herramienta para ofrecer contenido de valor a personas que, de alguna forma ya has fidelizado a través de otros contenidos. Webinars, videos y podcasts, posibilitan exposición de duración larga.

- **Podcast**: ¡Es lo último! Un podcast es un archivo de audio, que puedes descargar y oír en tu ordenador, o con cualquier dispositivo móvil.

Te propongo que ofrezcas contenido de valor para tu público objetivo en formato podcast. Inclúyela en tus técnicas de comunicación para diferenciarte (y mucho) de la competencia. ¡Aprovecha el momento!

Conecta con tu cliente objetivo/ideal.

Con una estrategia adecuada de podcasting para tu marca, conseguirás mayor conexión con tu cliente ideal, mayor visibilidad, la oportunidad de hacer networking directo con referentes de tu sector.

El podcast es el canal perfecto para contar:

1. Quién eres.
2. Qué haces.
3. Qué puedes hacer.

⚠ **IMPORTANTE**

Puedes emitir podcast con muy pocos recursos.

Cómo grabar podcasts en tres pasos:

1. Define tu nicho de mercado.
2. Define el público objetivo dentro de ese nicho: ¿quién va a escuchar tu podcast?
3. Define tu propuesta de valor añadido: ¿por qué van a escuchar tu podcast?

NOTA: El nicho de mercado es la temática general de tu podcast (por ejemplo, moda, emprendimiento o finanzas, etc.) Te sugiero que te apasione y tengas realmente conocimientos.

👁 ¡OJO!

Cuanto más aprendas sobre tu público objetivo, más fácil te resultará captar nuevos oyentes y más gratificante será tu interacción con ellos.

1. **Planifica de qué vas a hablar:** Hazlo después de definir el nicho de mercado de tu podcast, tu público objetivo y tu propuesta de valor añadido.

⚠ IMPORTANTE

Elabora una lista amplia de los temas potenciales que vas a tratar en el programa. Es necesario para seguir generando ideas y contenidos.

2. **Elige un formato para tu programa:** Implica decidir, quién (o quiénes) serán los presentadores.

   • **Opción 1:** *"Tú te lo guisas y tú te lo comes"* estás sólo ante el peligro.
   • **Opción 2:** Con múltiples presentadores. Resulta más fácil mantener una conversación fluida y natural con otra persona que hacerlo con uno mismo.

◉ ¡OJO!

Hay una fina línea entre el diálogo y el caos.

- **Opción 3:** Podcast de entrevistas. Los invitados aportan valor añadido a tu audiencia, ofreciendo diferentes puntos de vista. Es un formato muy eficaz y suele interesar a los oyentes.

⚠ **IMPORTANTE**

Conlleva trabajo extra. Es necesario ser constante y preparar temas con antelación.

3. **Define una buena estructura:** Es conveniente diseñar una estructura para cada capítulo del programa.

⚠ **IMPORTANTE**

Uno de los principales factores de éxito de los podcasts es la previsibilidad: tus oyentes se irán acostumbrando no sólo a tu voz y tu personalidad, también a la estructura de tu programa.

Una estructura ordenada aporta previsibilidad, y eso es bueno para tu podcast:

1. Introducción.
2. Desarrollo o contenido central.
3. Conclusión.

Los ingredientes clave de tu podcasts:

- Título.
- Descripción.
- Imagen de tu podcast.

👁 **¡OJO!**

¡No olvides incluir palabras clave también en la descripción de tu podcast!

⚠ **IMPORTANTE**

La duración ideal de un PODCAST depende...pero siempre debe de ser corto.

En términos generales es mucho más eficiente grabar un programa/capítulo cada semana que emitir una pieza de dos horas al mes...

Herramientas básicas de podcasting

- **Ordenador.**
- **Auriculares.**
- **Micrófono.**

Sitios para grabar y escuchar podcast:

1. Ivoox.
2. Podlinez.
3. Gcast.
4. Hipcast.
5. Gabcast.
6. Yodio.
7. Podscope.
8. Poderato
9. Castpost.
10. Archive.
11. Podomatic.

¡OJO!
Realiza la sindicación para subirlo a una plataforma de distribución como iTunes.

Monetizar tus podcast

En Estados Unidos es frecuente monetizar los podcast con patrocinadores.

IMPORTANTE
Para monetizar cualquier podcast debes ofrecer contenido de alta calidad que logre un cierto interés del usuario por escucharlo. ¡No hay otra!

Publicidad:

— Modelo patrocinio, ingresos por publicidad.

— Patrocinio mediante intercambio de productos/servicios.

— Afiliados/suscriptores.

Modelo premium:

- *Pay per ear* pagar para escuchar: Ofrecer contenido premium a través de suscripción web

- Venta de app dónde consumir tu contenido.

Vende tus productos/servicios:

» Imparte cursos.

» Tienda virtual.

» Autopromociona tu negocio (monetización indirecta basada en publicidad propia).

Ofrece tus servicios:

– Asesoría online.

– Editor/productor de podcasts.

– Locutor de podcast por demanda.

Estrategias que te convierten en experto

Los beneficios de ser un referente en tu nicho de mercado son más que evidentes.

Ademas de promocionar tus productos o servicios, te permitirá:

- Ofrecer ponencias en charlas, talleres, conferencias, clases, ponencias...
- Realizar posibles colaboraciones en medios de comunicacion.
- Y en general, nuevas y mejores oportunidades de negocio...

¿Cómo posicionarte como experto?

Para lograr posicionarte como experto debes establecerte como una voz autorizada, importante de tu medio.

👁 ¡OJO!

No es necesario que seas un *cum laudem,* pero necesitas saber (y mucho) de tu tema específico.

Asegúrate de tener los conocimientos que validen tu estatus como experto, es decir, demuestra que sabes (muy bien) de lo que hablas.

Formatos más eficaces para convertirte en experto referente

Escribe un libro

Publicar un libro de contenido centrado en tu especialidad (nicho) es una de las mejores herramientas para posicionarte como experto.

> ⚠ **IMPORTANTE**
>
> *Te ayudará a crear tu marca personal y tu credibilidad mucho más rápido que cualquier otra acción (un blog, un canal en YouTube, gestión de redes sociales, etc.)*

Escribir un libro te proporcionará un mayor reconocimiento profesional. Indicar en tu CV que eres autor de un libro o que te presenten en un acto público como escritor de tal o cual libro generará en los demás mayor confianza y reconocimiento.

Identifica un colectivo que tiene un problema y trata de ayudar: libros educativos, de formacion enfocados a un colectivo profesional, por ejemplo.

Estoy convencida de que tú también atesoras información para compartir con otras personas, que dispones de conocimientos, experiencia en tu vida profesional.

Necesitas un enfoque para enseñar a los demás, por ejemplo, cómo montar un negocio online, cómo practicar yoga, emprender con éxito, poner en marcha una franquicia o crear un huerto urbano... las posibilidades son infinitas.

Escribir un libro: método en tres partes

Preparación

1. **Planifícate:** Establece un plan.
2. **Estructura la obra:** Elabora una escaleta que te permitirá organizar el contenido del libro antes de su escritura.

3. **Elabora un calendario de trabajo**: Márcate una fecha tope para finalizar tu libro y compártela con alguien de tu confianza. ¡Comprométete!

Ejecución

1. **Documentación**: Búsqueda de información de los aspectos que vayas a tratar en el libro.
2. **Escribe el índice**: ¡Fundamental!
3. **Desarrolla punto por punto lo establecido en el índice.**
4. **Termina de escribir el borrador**: ¡Ya tienes tu libro!
5. **Deja reposar el contenido 15 días**: Descubrirás errores o defectos con más claridad que cuando te has dado tal "atracón" de escribir que ya no ves nada.
6. **Corrige.**
7. **Nueva lectura y corrección.**

⚠️ **IMPORTANTE**

Escribe con disciplina: Reserva un tiempo del día para dedicarlo exclusivamente a escribir. Si tienes una agenda muy apretada y escribir todos los días te resulta imposible, elige 3 días por semana en los que puedas dedicar al menos 30 minutos.

¿Cómo publicar tu libro?

Si eres un escritor novato, te costará mucho convencer a una editorial para que te publique tu libro..

Otra opción es la autopublicación. Los principales problemas relacionados con la autopublicación es que si no sabes de marketing, asumes el riesgo de escribir un libro que nadie quiera comprar y si no sabes como distribuir tu libro, es probable que nunca llegue a las manos de tus lectores y si no sabes de diseño, es probable que tu libro sea feíto y difícil de leer...

⚠ **IMPORTANTE**

Cuando tengas tu libro publicado, promociónalo por todos los medios posibles, redes sociales, medios de comunicación...

Algunas sugerencias:

1. Organiza algún evento para presentarlo.
2. Ofrece charlas y conferencias gratuitas sobre el tema central de tu libro.
3. Elabora una mínima base de datos de medios de comunicación, redacta una nota de prensa y envíala.

Hazte visible con videomarketing

El video es el contenido más demandado en Internet. Más de 100 millones de internautas bucean en portales como YouTube en busca de creaciones audiovisuales. El vídeo (bien hecho y utilizado) se posiciona 50 veces mejor que cualquier texto por lo que tiene 50 veces mayor visibilidad. Sirve para vender, fidelizar, enseñar, emocionar... Permite comunicar más en menos tiempo. El vídeo te permite humanizar, crear confianza y cercanía, ahí es nada...

> ⚠ **IMPORTANTE**
>
> *El videomarketing es presente y futuro de la marca personal. Es un potente formato para captar usuarios, generar engagement y hacer branding.*

👁 **¡OJO!**

La calidad te diferencia. Las innovaciones tecnológicas han propiciado los medios para crear videos con un presupuesto reducido. Sin embargo, es importante que valores la calidad... es imprescindible.

Ya sé que corren infraproducciones por YouTube que arrastran a cientos de miles de seguidores... pero la explicación no es otra: ¡hay excepciones que confirman la regla!

NOTA: No olvides, además, que tu imagen está en juego... Y nada mejor que el video —para bien y para mal— para mostrarle al mundo tu imagen.

- **Vídeo explicativo**: Tipos de vídeos que se utilizan para explicar el uso de un producto o servicio. Su función principal es que el usuario entienda cómo funciona algo, y ofrece solución en pocos minutos.

¿Cómo hacer un vídeo explicativo bien estructurado?

1. Breve descripción del servicio.
2. Explica el problema.
3. Informa las características de tu producto.
4. Ofrece la solución.

- **Vídeo demostrativo**: Ve directo al grano. Inicia tu vídeo con una propuesta de valor. Explica una parte específica de un producto o servicio.

- **Vídeo perfil de empresa**: Este tipo de vídeo es una forma de mostrarte transparente, directo, de tú a tú y con confianza.

- **Vídeos testimoniales**: El boca a boca funciona y mucho, así que... muestra la cara de tus clientes satisfechos explicando las ventajas de tu producto o servicio. Un cliente potencial puede nacer de la recomendación de un cliente fidelizado. Eso sí, ten cuidado con el tipo de testimonios.

¡OJO!

Nunca forzados, ni teatralizados o el efecto será diametralmente opuesto al deseado...

- **Videos promocionales:** Están enfocados a promocionar un producto, servicio o empresa. Algunos ejemplos:

  - Vídeos promocionales generales sobre tu negocio y lo que ofrece.
  - Vídeos sobre productos o servicios específicos.
  - Vídeos promocionando un futuro evento virtual o presencial
  - Vídeo tutoriales sobre un producto en concreto
  - Demostraciones de uso de un producto o servicio.

- **Vídeo de experiencia a través de prescriptores:** Una forma estupenda de mostrar un determinado producto o servicio es a través de prescriptores o influenciadores.

  El usuario se dejará llevar por sus experiencias y por las vivencias que éste comparte.

Contenido de creación de marca

El objetivo de este tipo de contenido es alcanzar a los posibles clientes con vídeos no promocionales. Estos vídeos deben estar centrados en temáticas o intereses muy particulares del público objetivo: No son anuncios sino contenido que tu público debe querer ver.

⚠ **IMPORTANTE**

La idea es demostrar a tus clientes y posibles clientes que tu empresa no esté ahí solo para cuando alguien hace la búsqueda de "comprar tal producto". Tu audiencia debe percibir que en tu intención está agregar valor a tus contenidos, no que estás "vendiéndoles la moto".

⚠ **IMPORTANTE**

Utilizar plataformas como Instagram, Vine, Twitter, Facebook es una excelente forma de estar presente en diferentes audiencias con contenido fresco, único y que te permita mostrar otras facetas de lo que sabes o puedes hacer. Es tu momento para seducir.

- **Busca una sección en la radio y/o TV:** Tanto la televisión como la radio ofrece numerosas formas de aportar valor a un contenido: entrevistas con autoridades en cualquier materia, acceso a información relevante y recursos para un contenido valioso que podrás utilizar como excelente estrategia para aumentar las vistas a tu blog/canal, mejorar el posicionamiento SEO y, en definitiva, conseguir mayor visibilidad.

¡OJO!
No olvides que el contenido que compartas ofrecerá el aval de prestigio que significa haber sido difundido por un medio de comunicación.

Tú tambien puedes *salir en los medios*

La influencia que tiene la prensa en la opinión de los usuarios es muy elevada. Lo sabemos todos, **los medios influyen enormemente en la opinión pública.**

Lógicamente si tu nombre o empresa aparece en ellos, estará situándote frente a los ojos de miles de personas. Los medios de comunicación tienen el poder de incrementar la visibilidad de tu empresa, alzarte al estatus de experto en tu campo y, por supuesto, te procurará mayores oportunidades de negocio.

Escribir tu nombre o el de tu empresa en buscadores y que aparezca en "san" Google, publicaciones, noticias, reportajes y entrevistas en distintos medios de comunicación, te otorga prestigio y genera confianza. Resulta imprescindible a la hora de buscar financiación para tu proyecto.

> ⚠ **IMPORTANTE**
>
> *Si quieres ser un referente en tu nicho debes salir en los medios de comunicación ¡aportan visibilidad y reputación!*

¡OJO!

No existes si no se habla de ti.

Ventajas (incontestables) de la aparición en medios de comunicación (offline, online):

1. Refuerza la imagen de marca.
2. Otorga prestigio y reputación.
3. Fortalece la confianza.
4. Posiciona como experto.
5. Procura visibilidad.
6. Aumenta el tráfico web.
7. Ayuda al SEO.

Y claro, la suma de todo lo anterior, aumentará tu número de clientes; en mayor o menor medida, pero aumentará.

Tres necesidades básicas para salir en los medios:

1. Información con la que despertar el interés de los periodistas.
2. Base de datos que te facilite llegar hasta ellos.
3. Relación con los medios.

¿Cómo? Tienes dos formas de realizarlo:

1. Tú mismo con las herramientas adecuadas.
2. Contratando los servicios de una agencia de comunicación. Encontrarás una gran oferta en el mercado. Te recomiendo www.comunicados.pro

¡Tú también puedes *salir en los medios*!

Especialmente en estos tiempos durísimos para una profesión que ha sido vapuleada por la celebérrima crisis económica, sin olvidar la arrolladora llegada de Internet que ha dado la vuelta, como un calcetín, al ejercicio del periodístico en todo el mundo.

> ⚠ **IMPORTANTE**
>
> *Piénsalo: Los periodistas suelen estar receptivos a las buenas historias.*

No es un secreto que los medios de comunicación disponen en la actualidad de menos recursos que hace algunos años, por lo que tienes más probabilidades de que te inviten a una entrevista o te propongan publicarte si les facilitas una buena historia acompañada (y no lo olvides) de buen material gráfico (fotos, infografía, vídeo...).

> 👁 **¡OJO!**
> No caigas en el más habitual de los errores: ¡no vendas!

Es habitual en las personas y empresas que aspiran a salir en los medios de comunicación redactan comunicados con información tipo: "Nos dedicamos a tal cuestión desde hace diez años y somos líderes del sector" o "Pese a la situación del sector, hemos logrado aumentar nuestra facturación un 35% en el último año"... ¡ufff! Ya te adelanto que va directo a la papelera, sin más... ¡no aburras!

El camino – nada fácil, todo sea dicho – para captar la atención de los periodistas es bien distinto... a no ser, eso sí, que tu negocio sea lo suficientemente interesante y, por lo tanto, noticiable. Por ejemplo, si te dedicaras al cristal reciclado para fabricar bombillas eternas (contra la obsolescencia).

⚠ **IMPORTANTE**

Piensa: ¿Qué les puede interesar a los periodistas para sus medios de ti o de tu negocio?

👁 **¡OJO!**

¿Una noticia con una promoción? ¿Con un descuento exprés? ¿Con la presentación de un nuevo servicio? ¡Noooooooooo!

A los periodistas les interesa (en todo caso) saber tu opinión como experto sobre un tema en concreto de la actualidad, conocer tu historia emprendedora, que compartas tus mejores consejos con su audiencia para ayudarles en alguna temática determinada. Como consejo: los periodistas prefieren que sostengas tus temas y afirmaciones con datos...

⚠ **IMPORTANTE**

La verborrea está bien, pero los datos están mejor.

Tú necesitas *salir en los medios*, ¿verdad? pues busca. Encontrarás numerosos periodistas ávidos de contenido y noticias, portales, revistas especializadas (quizá en tu nicho de mercado) y programas con intereses especializados en muchísimos temas, ¡encuentra el tuyo! Véndelo. Y defiéndelo.

Lee, escucha, observa, presta atención a los distintos medios de comunicación en los que te interesa participar, así encontraras aquellos programas que guardan relación con tu producto, servicio o causa.

⚠ **IMPORTANTE**

Piensa en alguna idea que pueda encajar con los intereses del programa y esté relacionado con tu posicionamiento. Cuando la tengas: no lo dudes, ofrece tu colaboración, tu noticia.

¿Como puedes *salir en los medios*?

Tendrás alguna ventaja si has publicado tu idea/tema en Internet. Podría llamar la atención, por ejemplo, de un programa de radio, quizá te llamen para hacerte una entrevista. Pero si quieres salir en los medios, te aconsejo que seas activo, que vayas en busca de los periodistas para ofrecerles tu contenido.

Tres Estrategias para salir en los medios (o tener mayores posibilidades)

Sugerencias que podrás aplicar en tu propio proyecto o empresa para conseguir *salir en los medios* de comunicación especializados que leen, ven o escuchan tus clientes y seguidores.

1. **Envía información relevante para los periodistas.**
2. **Aporta valor a través de artículos especializados.**

Los medios de comunicación especializados, (los que se dirigen a tu nicho), valoran mucho los artículos que tratan un tema en profundidad y que están firmados por un experto en la materia.

3. Acciones de responsabilidad social corporativa

Las acciones de carácter solidario son bien recibidas en la sociedad y entre los medios de comunicación. Aportar "algo" a la ciudadanía es una estrategia efectiva en la que además ganan quienes más lo necesitan.

- Puedes realizar acciones solidarias relacionadas con el nicho de tu empresa.
- Estudia los gustos e intereses de tu público.
- Analiza qué entidades sin ánimo de lucro existen relacionadas con ello.
- Propón alguna iniciativa con la que puedas ser verdaderamente útil.

¡OJO!
Estarás ayudando a tu comunidad y tu imagen se verá reforzada. Pero no olvides que la intención se pone en la ayuda que puedas prestar y después, en todo caso, contarlo.

La nota de prensa: tu comunicado al mundo (a través de los medios).

Cómo crear la nota de prensa de un libro y de cualquier producto, empresa, evento o servicio.

Brevedad y concisión son las claves para presentar una idea que impacte.

> ⚠ **IMPORTANTE**
>
> *La función de la nota de prensa es suscitar el interés de los periodistas.*

TIPS para redactar notas de prensa que atraigan la atención de los periodistas:

- No descuides el titular del **Asunto** del correo. Personaliza el encabezadado de la nota.
- Envía noticias al periodista solo según su área de especialidad. ¡No te vuelvas loco! Solo a quienes te interesan y puedas interesarles.
- Tu nota de prensa debe tener un estilo periodístico:
  1. Ágil.
  2. Claro.
  3. Conciso.

> 👁 **¡OJO!**
>
> Llamar para verificar si le ha llegado la nota de prensa es una de las cosas que más molestan a muchos periodistas. Ahí lo dejo...

Incluye material audiovisual: fotos, videos, infografías, pero cuida la calidad del material que envías a los medios.

⚠ **IMPORTANTE**

Si tienes la fortuna de llamar la atención y te solicitan una entrevista o colaboración debes responder con celeridad. Hay que estar al quite... ¡Si no te encuentran cuando te necesitan buscarán otra fuente (disponen de muchas) y tu habrás perdido una oportunidad! Así es.

👁 **¡OJO!**

Si no tienes (y dominas) un tema que realmente sea interesante, no pierdas el tiempo ni se lo hagas perder al periodista.

Estructura clásica de las notas de prensa

Cabecera

De la cabecera depende en gran parte que la nota vaya a los ojos del periodista o directamente a la papelera... Después lo leerá y valorará el interés que pueda tener.

» Incluye tu logotipo.
» Si tienes un claim o slogan también debes incluirlo.
» Identifica siempre el documento con: **Nota de prensa**.

Titular

— Busca el gancho que lo haga noticiable.

— El titular es el resumen (puesto en valor) de tu hecho noticiable (en no más de diez palabras).

— Debe ir destacado con el tipo de letra, tamaño o negrita.

Entradilla

Empieza indicando ciudad-comunidad y fecha. A continuación un breve resumen de tres líneas.

¡OJO!

El primer párrafo de la nota de prensa recoge la información más importante. A golpe de vista el periodista intuirá si tu contenido es noticiable, le resulta de utilidad para sus oyentes, telespectadores o lectores.

⚠ IMPORTANTE

Los periodistas reciben cientos de notas de prensa... Esfuérzate en hacer que destaque la tuya. Busca el motivo y cuéntalo.

Cuerpo del mensaje

Para epatar utiliza las 5W de la práctica periodística:

1. Who? – ¿Quién?
2. What? – ¿Qué?
3. Where? – ¿Dónde?
4. When? – ¿Cuándo?
5. Why? – ¿Por qué?
— Bonus: How? – ¿Cómo? Ya ves qué no es una W pero encierra la base de la estrategia de comunicación: ¿Cómo vas a hacer llegar ese mensaje a la audiencia? Ahí es nada.

Información de contacto

Incluye tu nombre, teléfono, e-mail y dirección web.

Material complementario

Facilita la tarea de los medios: adjunta fotografías, enlaces a vídeos o dosieres con más información de interés.

¡Ya está! Si has seguido los pasos e indicaciones ya tienes tu flamante nota de prensa para enviar a los medios de comunicación.

Y ahora: ¿A quién se la envías?

Pues tienes dos opciones:

1. Enviar tu nota de prensa a través de servicios de comunicación especializados como *Comunicados Bussiness Comunication.*

2. O bien hacerte con una base de datos de medios y periodistas, enviarles la nota de prensa y lograr resultados.

¿Cómo contactar con un periodista?

Primero y de vital importancia; lee, escucha, observa y toma buena nota de los nombres y medios de periodistas que están especializados en tu nicho de mercado.

1. **A golpe de teléfono:** Ponte en contacto con los medios, con las redacciones y solicita el correo electrónico del periodista al que quieras hacerle llegar la nota de prensa.

2. **A golpe de correo electrónico:** Busca los directorios de las radios, periódicos y televisiones. En el apartado: equipo, ¿quiénes somos? contacto, seguro que encuentras nombres y datos útiles tanto para programas de radio y televisión como en la prensa escrita y medios online.

Si no comunicas no existes

Los expertos señalan que en nuestro país existe un déficit en el manejo de la oratoria "En España tenemos mucho miedo al ridículo", observa Javier Bernad, profesor de comunicación de IE Business School. "En las escuelas de negocio, donde hay muchas nacionalidades, los españoles siempre son los más recatados". Bernad sostiene que, junto con el inglés y una titulación, hablar bien en público es fundamental para decantar la balanza en tu favor a la hora de hacer negocios.

Hablar en público, comunicar, es vital para alcanzar el éxito en plena era de la comunicación, sin embargo, la mayor parte de las personas sienten ansiedad o miedo a la hora de enfrentarse a un auditorio. En la mayoría de las ocasiones no es por falta de formación o conocimientos, sino por falta de habilidades en oratoria y competencias no verbales.

👁 ¡OJO!
La buena noticia es que la habilidad para transmitir un mensaje el 90% es método y solo el 10% es innato, según aseguran los expertos

No son pocos los grandes empresarios que destacan la importancia de saber comunicar. El primero de ellos el gurú del emprendimiento Steve Jobs, capaz de atrapar a la audiencia en sus famosas conferencias.

Las presentaciones de Jobs eran sencillas y dinámicas, y siempre, siempre, siempre, contaban una historia.

> ⚠ **IMPORTANTE**
>
> *Jobs solía ejercer de maestro de ceremonias de las presentaciones de producto del grupo Apple, lo que sin duda contribuía de forma significativa a las ventas.*

Uno de sus mejores discursos de Jobs es el que impartió en 2005 en la ceremonia de graduación de la Universidad de Stanford. Apenas catorce minutos de duración y después de doce años, aquel discurso sigue siendo uno de los más emblemáticos de las últimas décadas.

> 👁 **¡OJO!**
>
> El célebre discurso ha sido considerado comparable con el discurso de los discursos: "I have a dream" de Martin Luther King en 1963.

Sus presentaciones anuales de los productos de Apple eran también todo un espectáculo, eventos alrededor de los cuales se generaba una expectación similar a la de la gala de los Oscar o los shows musicales de la Súper Bowl. ¡El poder de la oratoria!

Claves para comunicar como el mismísimo Steve Jobs:

1. Ensaya hasta el aburrimiento.
2. Sorprende a tu público con algo que no se espera.
3. Conoce a tu público.
4. No olvides las regla del tres:
   — Los neurólogos afirman que los seres humanos procesan solo tres o cuatro porciones de información a corto plazo. El magnate de Apple en la presentación de sus nuevos productos se concentraba en tres ideas claves y ni una más.
5. El poder de la imagen

El mensaje se recuerda más fácilmente a través de las imágenes. Utiliza material audiovisual.

¡OJO!

Tu objetivo es aprender el arte de transmitir información, pensamientos, ideas, sentimientos, creencias, opiniones o datos. ¡A por ello!

IMPORTANTE

En el mercado encontrarás diferentes ofertas para adquirir una formación específica dirigida a comunicar eficientemente tus conocimientos, mensajes, mantener intervenciones en los medios de comunicación, realizar presentaciones, vender tu producto o servicio a la opinión pública. Sin duda será una buena inversión de tu tiempo y dinero.

El mundo se divide entre los que saben contar historias y los que no.

Gabriel García Márquez

Como hablar en público y hacer una presentación redonda

A lo largo de la vida profesional es habitual impartir una conferencia o ponencia, participar en jornadas específicas, hacer la exposición de un proyecto empresarial o intervenir en una reunión de trabajo para aportar ideas, entre otras posibles situaciones.

Aprende de los mejores

¡OJO!
Toma referencia, observa, investiga... Internet te proporciona más de lo que necesitas ¡aprovéchalo!

Si te estás preparando para una presentación o la tienes en próximas fechas, te aconsejo que investigues: ¿Qué hace tan buenos a los oradores de referencia? Busca las mejores presentaciones y presta atención a los ademanes, hábitos y comportamientos de los presentadores.

Planifica y prepara bien tu presentación

Planificar concienzudamente una intervención y conocer bien el tema del que vas a hablar te ayudará a ganar confianza en ti mismo.

👁 ¡OJO!

Tener todo bien articulado, los conceptos ordenados, dejará tu mente más clara durante la intervención o discurso. Y no olvides que la mejor improvisación es aquella perfectamente ensayada.

Escribe tu guion

Y sobra decir que te prepares el contenido de tu intervención. No se puede hablar sobre un tema sin estar informado sobre él o haberse documentado previamente.

Las notas son buenas, necesarias, vitales, pero nada de seguir un largo guion al pie de la letra. Es artificial, transmite distancia y en definitiva, duerme a las cabras. Leer al pie de la letra, denota inseguridad y en cualquier momento, al levantar la vista para mirar al público, podemos perdernos sin saber dónde nos habíamos quedado, evítalo...

⚠ IMPORTANTE

Utiliza ITEMS: pequeños párrafos que te ayudarán a mantener el hilo de la exposición.

TIPS para tu exposición

- Busca la participación del público generando debate o algún tipo de juego en el que tu audiencia se sienta parte de la acción, de lo que está sucediendo.

👁 ¡OJO!

Los recursos de humor, únicamente utilízalos si te sientes cómodo.

- Contar vivencias personales, poner ejemplos, utilizar metáforas o símiles, permitirá al público entender algo que, en principio, pueda resultar complicado.
- Concreta muy bien y de forma definida los objetivos de la charla, ponencia o conferencia.
- Incorpora tu opinión personal. Lo que hará la diferencia en tu presentación es que lo puedas aportar desde tu experiencia y conocimientos personales. Intenta incluir, ocasionalmente, algunos pensamientos y opiniones propias.

Practica tu presentación

Si existe un método eficaz para calmar los nervios, ese es tener seguridad en lo que vas a contar:

1. Ensaya en voz alta.
2. Habla frente a un espejo.

3. Graba los ensayos en video con algún dispositivo. Primero en soledad las veces que sean necesarias y posteriormente, delante de las personas de confianza como amigos y familiares.

Pruébate la ropa que usarás en la exposición

¡OJO!
No dejes todo para el último momento, no improvises.

Probarte la ropa que vas a llevar puesta cuando hables frente al público, te ayudará a saber qué movimientos realizar, y a ponerte en el papel antes del momento crucial.

Llega con tiempo al evento

Acude con tiempo suficiente el día de la presentación, así tendrás tiempo de solventar problemas que puedan surgir... para chequear que el micrófono funcione, que el proyector proyecte o que la iluminación ilumine.

Tras este paso, resulta clave centrarte en el resto de materiales como el guion, documentación... todo controlado.

Antes de salir al escenario

A punto ya de iniciar tu exposición, haz unas respiraciones diafragmáticas, te ayudará a relajar tu nivel de ansiedad y conseguirás mejor rendimiento cognitivo. Bebe un trago de agua antes de comenzar a hablar y desaparecerá esa sensación de boca seca, algo asociado a la situación ansiógena.

¡OJO!
No olvides dejar un vaso de agua cerca.

Gánate a la audiencia con una buena introducción

Los primeros segundos son muy importantes para causar una buena impresión: preséntate para hablar en público (si no lo ha hecho ya otra persona) con un par de frases y arranca tu discurso con una buena introducción, que incluya una frase ingeniosa.

⚠ **IMPORTANTE**

Ligar tu discurso con alguna historia personal o experiencia de vida, es una buena herramienta para tu presentación.

Un toque de humor, un chiste ligero, un juego de palabras o una pizca de ironía bien dosificada puede ser una agradable llamada de atención.

Habla claro, pausado y breve

Hablar a una velocidad excesivamente rápida es uno de los delatores más indiscretos del nerviosismo. Intenta hablar de forma pausada y clara, incluso un poco más lento de lo que consideras normal.

> ⚠ **IMPORTANTE**
>
> *Frases cortas, directas y de fácil comprensión. Hablar de forma pausada y clara, incluso un poco más lento de lo normal. Sé breve.*

El lenguaje corporal

👁 **¡OJO!**
Tu audiencia podrá leer tus expresiones faciales, el tono de tu voz, el modo en que usas tus manos y cómo te paras y mueves frente a ellos.

¿Moverte o no moverte? Es muy importante el movimiento. No hay que estar sentado pero tampoco bailando. Con naturalidad, con dinamismo, sin pasarse y sin extremos. Una postura corporal cómoda transmitirá un potente mensaje positivo a tu público de que te sientes seguro y confortable.

Pon tus ojos en la audiencia. Mantener contacto visual con las personas hará que puedas percibir al público. Si ves que en un tema no existe interés del público lo podrás acortar, podrás dar un giro al tema o pasar al siguiente tema.

👁 **¡OJO!**

No te quedes mirando al suelo, ni al techo, ni a tus apuntes. Las manos abiertas y los pulgares a la vista denotan sinceridad, es una forma de explicar a tu público que no tienes nada que ocultar.

No olvides un buen cierre: Prepara una buena línea de salida. No te retires murmurando "bueno, creo que eso es todo" o finales por el estilo. Evita crear un momento incómodo al final. ¡Redondea la intervención!

Consejo extras

Si te da un ataque de pánico en medio de la exposición... Respira, mira tus notas, bebe agua y sonríe. Retoma tu charla a un ritmo lento.

Si te pierdes, te equivocas o estás nervioso, ¡calla!, es muy probable que un porcentaje altísimo de la audiencia no se haya dado ni cuenta. No intentes arreglarlo o disculparte.

Visualízate en plena exposición. La visualización, según estudios realizados con deportistas. ¡Funciona!

⚠ **IMPORTANTE**

No tomes sustancias como cafeína, alcohol o drogas de cualquier tipo antes de realizar una exposición en público.

¡Tira de material audiovisual! Son un buen apoyo.
Las imágenes, al igual que las historias y las anécdotas, siempre se recuerdan mejor; fotos, diagramas, mapas, dibujos, etc. Estos materiales deben servir de apoyo a tu exposición y argumentos, pero en ningún caso sustituirlos.

👁 **¡OJO!**

Contar con una buena presentación de PowerPoint e, incluso proporcionar material a la audiencia, te quitará un poco de presión, tendrás algo en qué basarte si te quedas en blanco.

Cómo hablar a cámara

El vídeo es una herramienta de valor incalculable para generar notoriedad y reconocimiento.

Solo necesitas tres cosas:

- Un dispositivo capaz de registrar imagen (cámara, móvil, webcam...)
- Algo que contar, un mensaje que transmitir.
- Conocer: ¿Qué quiere saber tu cliente potencial? ¿Qué le va a hacer sonreír? ¿O llorar? ¿Qué le va a entretener? ¿Qué le va a informar sobre aquello que quiere saber?
- Y una persona dispuesta a plantarse delante de la cámara. Fuera complejos e inseguridades, ¡esa persona eres tú!

Como plantarte frente a un cámara

Consejos, trucos y estrategias para hablar a cámara

- Domina el contenido de lo que vas a comunicar, la idea más importante que quieres transmitir.
- ¡Fuera tensión! Antes de ponerte frente a la cámara, intenta eliminar tensión, se notará en tu posición corporal.
- Bebe agua frecuentemente, con los nervios se te secará la boca.
- Realiza una tanda de estiramientos para relajar la musculatura.
- Haz unas respiraciones diafragmáticas.

Dirígete a alguien concreto

Como si se lo estuvieras contando a un amigo, familiar, compañero de trabajo, pareja... a alguien cercano.

> ⚠️ **IMPORTANTE**
>
> *Imagina que el objetivo de la cámara -que tanto puede llegar a impresionar- es un amigo, alguien de confianza y mírale a los ojos.*

Usa frases cortas, lenguaje sencillo y sé breve.

> ⚠️ **IMPORTANTE**
>
> *Cumple la máxima periodística de las tres C:*
> 1. *Claro.*
> 2. *Concreto.*
> 3. *Conciso.*

No tengas miedo a la expresividad

Utiliza tu cuerpo para comunicarte como lo harías en cualquier conversación. No te quedes tieso como una estaca sin moverte ni pestañear.

> 👁 **¡OJO!**
>
> Recuerda que la falta de movimientos transmite rigidez, lejanía, mientras que los gestos con los brazos o el rostro aportan naturalidad y te dotan de humanidad.

Qué hacer con las manos

👁 ¡OJO!
Que tus manos no choquen contra tu cuerpo, el micrófono recogerá el sonido y molestará en la grabación.

Tres opciones:

1. **Mesa**: Si estás junto a una mesa, tienes la opción de poder apoyar los codos o incluso los brazos.
2. **Sentado en un taburete**: Dejar las manos apoyadas sobre las piernas es una posición natural al estar sentado.
3. **De pie**: Es la situación más difícil de controlar.

👁 ¡OJO!
Si estás realizando una enumeración puedes ir marcando los números con las manos.

La importancia de la mirada

Mirar a la cámara es mirar a los ojos a la persona que te está viendo. Y ya sabes que una persona que no te mira a los ojos mientras está hablando contigo, no es confianza precisamente lo que transmite...

¡Sonríe!

La empatía resulta clave para conectar con la audiencia. Afronta tu discurso a cámara con alegría y optimismo.

1. Juega con el tono, el ritmo y, si te atreves, tira de silencios. El silencio cuenta mucho.
2. Prestar atención a la forma en la que hablas: la dicción debe ser clara en todo momento.
3. Antes de grabar a cámara te conviene calentar un poco la voz y dejarla "a tono" para evitar fallos.
   - Un par de recursos prácticos:
     — Puedes contar tres veces seguidas de 21 a 0, sin parar, con un volumen de voz parecido al que luego vas a emplear durante la grabación.
     — O, siendo más práctico, quizá sea más rentable calentar la voz ensayando durante cinco o diez minutos el guion que tienes preparado.
4. Prepara el cuerpo antes de grabar
   — Al igual que la voz, te interesa calentar y preparar el cuerpo antes de colocarte delante de la cámara. De esta forma, te sentirás más suelto y relajado.

⚠ **IMPORTANTE**

Dedica diez minutos para realizar estiramientos básicos que activarán todas las partes de tu cuerpo: cuello, brazos, espalda, cintura, piernas y pies.

Cómo escribir un guion según las enseñanzas de los griegos

Los métodos de enseñanza de Aristóteles se basan en tres momentos:

- **Introducción:** el momento en que le dices al público de lo que les vas a hablar.
- **Mensaje:** cuando explicas lo que quieres contar.
- **Conclusión:** recordarles lo que les acabas de decir.

> ⚠️ **IMPORTANTE**
>
> *Esta estructura proporciona un mensaje claro y permite a tu audiencia retenerlo.*

Dos tipos de guion:

1. **Guion cerrado:** Escribes de forma exacta todo lo que vas a decir esto, aportará seguridad pero también implica aprenderte el texto de memoria. Al estar recitando puedes dar el efecto de estar "dando la lección".

2. **Guion abierto:** Ganas en desparpajo, pero también implica más dificultad. Tienes que tener más experiencia y capacidad de improvisación.

Consejos para elaborar un guion eficaz

Toma nota:

- **Enumera y haz resúmenes**: Las enumeraciones ayudan a la persona a situarse. Si vas a explicar varios puntos, cuando acabes, vuelve a mencionarlos todos.
- **Ten muy claro a quién te diriges**: De lo contrario es imposible que comprendas sus necesidades y, lo que es más importante, que puedas ayudarle a resolverlas.

> ⚠️ **IMPORTANTE**
>
> *El video marketing necesita de preproducción y postproducción.*

- Busca ideas para tus videos.
- Documéntate sobre aquello de lo que hablarás.
- Realiza esquemas.
- Indica a tu audiencia que quieres que hagan al cierre de tu vídeo.
  - Compartir el vídeo.
  - Dejar un comentario.
  - Suscribirse al canal.
  - Entrar a tu blog.
  - Descargarse el *Lead Magnet*.

Técnicas de relajación ante una presentación, cámara o micrófono

> 👁 **¡OJO!**
> Tener control sobre la respiración es vital, esencial para hablar en público.

Controlar la respiración reduce la respuesta al estrés mediante la inmediata regulación del sistema nervioso.

> ⚠ **IMPORTANTE**
> *Tomar aire de manera adecuada proporciona de inmediato mayor calma, además, oxigenas el cerebro, lo que te permite tener más claras tus ideas y sentirte mejor. El aporte extra de oxígeno permite al cerebro funcionar mejor.*

> 👁 **¡OJO!**
> La respiración profunda hace que te sientas más seguro, con energía y ayuda eficazmente a controlar los nervios.

- **Medita.**
- **Pasea:** Favorece la eliminación de la tensión muscular y elimina preocupaciones mentales gracias al aumento de la circulación sanguínea.
- **Evita** las bebidas con cafeína, alcohol o cualquier tipo de droga.

Tipos de respiración

1. **Respiración profunda.** También llamada diafragmática, abdominal o de ritmo, el aire entra por la nariz y llena completamente los pulmones, se eleva la parte baja del abdomen.
2. **Respiración pausada.** Si tiendes a agitarte mientras hablas, es importante que mantengas una respiración pausada antes de tu exposición.
3. **Respira antes de empezar a hablar.** Tomar aire permite conectarte tanto física como mental y emocionalmente. También ayuda a que la laringe se estimule y relaje.

Comunica para presentar un proyecto

Estructura tu propuesta en estos puntos:

1. El proyecto.
2. Experiencia e inquietudes.
3. Objetivo.
4. Pocas ideas pero de impacto.
5. Define el público objetivo.

6. Entusiasmo.
7. Demuestra que estás preparado.
8. Concisión.
9. Reunión posterior.

Elevator Pitch, el arte de venderte en dos minutos

Es un discurso breve y muy bien estructurado que sirve para transmitir una idea de negocio en cualquier oportunidad que se presente.

¡OJO!
Debes ser capaz de generar interés prácticamente en el tiempo que dura un viaje en ascensor, de ahí su nombre "discurso de ascensor".

Las tres claves del *elevator peach*:
1. Directo.
2. Concreto.
3. Breve.

¡OJO!
Lógralo en menos de dos minutos.

Elabora el discurso del ascensor.

El autor del libro "Píldoras para emprender", propone el planteamiento de cuatro preguntas fundamentales:

→ **¿Cómo empezar?**: Aconseja romper el hielo planteando una pregunta relacionada con el sector del proyecto emprendedor. Por ejemplo, "¿Quién piensa que trabaja demasiadas horas?" o "¿Quién ha perdido en alguna ocasión todos los datos de su ordenador?". Con ello se captará la atención del auditorio y generará interés y cercanía.

→ **¿Qué se persigue?**: El objetivo es causar buena impresión y conseguir una reunión para otro momento en la que ampliar la información con mayor profundidad.

→ **¿Qué no se persigue?**: La finalidad no es vender un producto en ese preciso momento.

→ **¿Qué se necesita?**: Dotes comunicativas y paciencia, ya que las prisas no son buenas consejeras.

Cómo hablar en los medios de comunicación

¿Qué necesitas?

- Lograr eficacia en los mensajes que realices.
- Superar el miedo y estados nerviosos perturbadores.
- Conocer claves y trucos para mantener la plena atención de tu audiencia.

- Sacarle el máximo partido a tu comunicación no verbal.
- Realizar mensajes eficaces, humanos, motivadores.

Objetivo: Realizar entrevistas con fluidez y seguridad en radio y televisión.

El poder de la escucha: ¡Para comunicar bien es preciso escuchar mejor!

¿Cómo ha sido esto posible? ¿Cómo se ha convertido Oprah en una influencer/líder de opinión? Para empezar, Oprah —una verdadera referencia de marca personal— descubrió qué era lo que mejor sabía hacer: hablar. Pero no solo eso, el célebre Dr. Oz lo explica: "Oprah es muy buena escuchando. Presta atención a lo que dices pero también a tus emociones, al dolor de tu corazón, a tus pensamientos".

👁 **¡OJO!**
Si quieres comunicar bien, aprende a escuchar mejor.

Oír no es lo mismo que escuchar. Oír es una condición innata, pero escuchar es algo bien distinto, no deberíamos entenderlo como sinónimos. Oír es un don de nuestra naturaleza, que nos viene dado, pero a escuchar, se aprende.

Veinte siglos atrás ya lo observaba con preocupación Epiceto: "Así como existe un arte de bien hablar, existe también un arte de bien escuchar, en las escuelas de oratoria se enseña el primero, pero en ninguna escuela se enseña el segundo".

⚠️ **IMPORTANTE**

"Saber escuchar" además de ser un gesto de educación y afecto, representa una potente herramienta de control: quien controla una conversación no es quien más habla, sino quien mejor escucha.

👁 **¡OJO!**

Es condición indispensable aprender a escucharnos a nosotros mismos, a nuestro cuerpo, a nuestra mente inconsciente y entendernos, para poder escuchar y entender a los demás después.

⚠️ **IMPORTANTE**

Escuchar te permite conseguir información que no lograrás mientras hablas en exceso. Podrás saber sobre los gustos de tu interlocutor y sus posibles debilidades y fortalezas

Escuchar es muy útil

Un ejemplo: Escuchar detenidamente durante una conversación, te resultará vital para negociar con "esa" persona porque tú dispondrás de unos datos que él carece; desventajas de hablar por los codos...

Saber escuchar requiere un proceso de aprendizaje que comienza con una actitud activa: buenas dosis de empatía con los interlocutores, saber preguntar...

¡OJO!

La formación de expertos en *Personal Branding* contempla el aprendizaje de herramientas y técnicas para practicar la escucha activa que permite iniciar el proceso creativo para ser conocido, reconocido, memorable y elegido.

Escuchar no es lo mismo que oír

La escucha atenta requiere de una disposición sincera a estar pendiente del otro, es una forma de demostrar aprecio. Representa escuchar y no tanto hablar. Si tenemos dos orejas y una boca es para escuchar el doble de lo que hablamos, es pura cuestión de naturaleza

En una recepción de quince embajadores, Roosevelt saludo a cada uno con un "he matado a mi suegra". Nadie se inmuto, solo a uno le pareció oír algo extraño y dijo: "Qué has dicho"? Quería demostrar que cuando nos presentan a alguien, no solemos prestarle mucha atención.

> ⚠ **IMPORTANTE**
>
> *Practica el arte de escuchar. Un buen hábito para garantizar que estás escuchando es repetir los mensajes destacados que da tu interlocutor. Esta técnica no solo mejora la comunicación, sino que permite a la otra parte sentirse apreciado y valorado.*

Las claves del *Networking*

El *Networking* está en boca de todos, pero, ¿qué es exactamente? Sencillo, consiste en ampliar tu red de contactos para conseguir más oportunidades de negocio.

👁 **¡OJO!**

Representa un interesante recurso con el que generar contactos profesionales relacionados con el sector en el que desarrollas tu actividad.

⚠ **IMPORTANTE**

El networking *te permite construir lazos con personas de tu entorno profesional.*

Según explica Felix López Capel, director general de Afirma Bussines Center y president de la Asociación Nacional de Networking (Asonet), se trata de "toda aquella actividad comercial a través de llamadas a puerta fría, recomendaciones, búsquedas en la red, pertenencia a asociaciones o clubes, asistencia regular a eventos sectoriales... con el fin de hacer contactos profesionales". No deja de ser una carrera de fondo, ya que requiere de la constancia para crear, acrecentar y mantener dicha red; no en vano forma parte de nuestro patrimonio explica Capel, autor de *El poder del Networking.*

> ⚠️ **IMPORTANTE**
>
> *Quienes desarrollan el* networking *tienen la posibilidad de ampliar su círculo de contactos profesionales, ganarse su confianza y aumentar su credibilidad profesional.*

👁 **¡OJO!**

Se trata, ciertamente, de un recurso por el cual la obtención de resultados no es inmediata y requiere de una estrategia a largo plazo.

Realizar encuentros de *networking* para dar a conocer el propio negocio y ampliar la red de contactos puede abrir puertas en cualquier sector empresarial. "Siempre se ha dicho en marketing que la mejor publicidad es el boca oído, aunque antes era de uno en uno. Pues bien, ahora puede ser de uno a millones, por lo que su repercusión es más importante, pudiendo llegar incluso a ser decisiva, en la vida y sostenibilidad de una empresa", argumenta Víctor Conde, director general de la Asociación de Marketing de España.

Networking virtual

👁 **¡OJO!**

Naturalmente el *networking* no se refiere únicamente a la generación de contactos profesionales en forma presencial.

Las redes sociales también son excelentes canales para la creación de una imagen de marca personal en el sector donde nos desenvolvemos. En esos espacios digitales puedes presentarte y relacionarte con profesionales clave de tu sector.

Qué no es *networking*:

- Buscar "enchufe".
- Pedir favores.
- Perseguir a otros profesionales.
- "Hacer la pelota".
- Prometer lo que no se puede cumplir.
- Repartir tu CV.

Claves para elaborar un plan de *networking*:

» Hacer una lista de los eventos a los que puedes asistir. Cada sector o actividad tiene actividades representativas, averigua cuándo y dónde se realizarán.

» Crear un espacio propio en internet: a través de un blog, una cuenta en Linkedin, Facebook o Twitter, que te mantenga en contacto con personas que participan en tu campo profesional.

» Escucha: Sobra decir que es importante escuchar las distintas intervenciones atentamente.

» Acciones *postnetworking*. Es preciso mantener contacto con las personas a las que has conocido para evaluar las posibilidades de hacer negocios.

Ventajas de un buen *networking*:

• Harás crecer tu red de contactos profesionales.
• Te promocionarás.
• Conocerás posibles colaboradores y socios.
• Atraerás nuevos clientes y fidelizarás a los que ya tienes.
• Detectarás ideas de negocio.
• Aumentarás tus probabilidades de venta.
• Generarás sinergias profesionales.
• Si tienes un blog o una web, recibirás más visitas.

Tres consejos de *networking* para construir tu marca personal con la primera impresión según el método exclusivo Dale Carnegie para mejorar las habilidades en relaciones humanas:

1. Vístete de forma apropiada para cada ocasión
2. Regala un firme apretón de manos con una amplia sonrisa.

3. Utiliza el contacto visual más adecuado en cada momento.

¡OJO!

Primera impresión: Dado que los humanos somos seres muy visuales, las primeras impresiones son las más importantes y duraderas para construir una marca personal.

Presentación y conversación

⚠ **IMPORTANTE**

El 80% de tu tiempo dedícalo a escuchar y habla el 20%

Ésta es la proporción idónea. Sé un buen oyente, y anima a otros a hablar de sí mismos.

No olvides el celebérrimo intercambio de tarjetas profesionales.

Cierre

Para finalizar una conversación con gracia, simplemente puedes decir: "ha sido un placer conocerte, (nombre)".

👁 **¡OJO!**

Recuerda que el nombre de una persona es para ella un dulce sonido: palaba de Dale Carnegie.

⚠️ **IMPORTANTE**

Si te ha parecido interesante el contacto, intenta vincular a esta persona a tu red social. Linkedin es una de las mejores herramientas para mantener al día los contactos profesionales o Bebee, que permite a los profesionales contactar a través de afinidades e intereses en común.

Tus plataformas de publicación

Blog: El cuartel general de tu marca personal

Los expertos están de acuerdo, si nos viéramos obligados a elegir una sola herramienta de marca personal, nos aconsejan elegir el blog. No se requieren grandes conocimiento y con plataformas como WordPress.com o Blogger es algo que está al alcance de todos.

¡OJO!

Necesitas un centro de operaciones y ese es tu blog.

Tres consejos para un blog profesional

- Utilizar un dominio claro.
- Diseñar de forma sencilla y atractiva.
- Fácil de utilizar.

+INFO

GuíaBurros WordPress

Mantener un blog demuestra que eres productor de contenido, no un mero replicador de contenidos ajenos y esto, como sabes, es muy positivo.

NOTA: Los blogs son las web más fáciles de crear y administrar. Sin unos conocimientos específicos de diseño o de programación, podemos manejar nuestro propio blog de una manera prácticamente profesional.

¿Qué necesitas? ¿Qué te hace falta?

- Un dominio *.com* o *.es* propio.
- Alojamiento web.
- Plantilla para tu blog (puedes personalizarla).
- Logo de tu marca.
- Hoja de excel con calendario de publicaciones.

- Analítica, herramientas para ver qué impacto está teniendo en el blog.

¿Cómo crear un blog profesional paso a paso?

Crear un blog no requiere de grandes conocimientos pero lo cierto según nos explica Daniel Regidor, director de marketing de Weberalia es que debemos tener en cuenta una serie de pasos que él mismo nos avanza:

- **Decide qué tecnología vas a utilizar:** Existen diferentes opciones a la hora de montar un blog, por un lado, es posible montarlo como montaríamos cualquier página web, es decir, contratando un *hosting*, enlazando a él un dominio y subiendo los ficheros necesarios para su funcionamiento. Por otro lado, existen diferentes plataformas, como *blogger* o *wordpress*.com, que permiten crear un blog en sus propios servidores y con un funcionamiento, generalmente, mucho más sencillo.
- **Elige un buen dominio.** El dominio será el nombre de pila de nuestro blog. Debemos buscar siempre un dominio fácil de recordar y, a ser posible, que contenga alguna palabra clave que defina el contenido de nuestro blog ya que sería muy importante para ayudarnos a posicionar.
- **No descuides el titular de tus artículos.** Es muy importante que los titulares de nuestros artículos no

sean excesivamente largos, lo ideal es que su longitud esté entre 40 y 60 caracteres.

Por supuesto, debemos buscar que sea llamativo para atraer al lector. Debemos ser sugerentes, tratar de despertar una curiosidad, resolver un problema...

- **El contenido de nuestros artículos.** Al igual que con los titulares, no debemos excedernos en longitud. Lo ideal tanto para SEO como para los lectores, es que nuestros artículos tengan una longitud de entre 1000 y 1500 palabras.

⚠ **IMPORTANTE**

Para Google, un contenido perfecto tiene una extensión de unas mil palabras, tres imágenes y un vídeo.

👁 **¡OJO!**

Es muy importante, al igual que en cualquier página web, que las imágenes que acompañen a nuestro texto no tengan un peso excesivo ya que ralentizarían la carga de nuestro blog y podrían llegar a saturar nuestro servidor. Lo ideal es utilizar imágenes de entre 50 y 100 kilobytes.

Por supuesto, como en prácticamente cualquier publicación, tendremos que tener una estructura coherente, con un titular, una introducción, un nudo y un desenlace.

- **Programa bien tus publicaciones.** Podemos perder muchos lectores si publicamos nuestros artículos en el momento equivocado. Lo ideal es que vayamos estudiando el comportamiento de nuestro público con alguna herramienta de analítica, pero por norma general, los martes y miércoles son los días más populares para realizar publicaciones.

- **Sé activo.** Es muy importante mantener el blog activo a lo largo del tiempo, publicando de forma periódica. No es nada recomendable publicar muchos artículos un mismo día, recuerda siempre programarlos con cabeza.

Por otro lado, se deben compartir siempre los artículos en nuestras redes sociales ya que no sirve de nada tener un blog si no lo movemos.

⚠ **IMPORTANTE**

La calidad es fundamental. Crear un blog requiere de esfuerzo y constancia. Si no quieres implicarte en un proyecto de esas dimensiones, siempre puedes recurrir a una agencia de comunicación con redactores de contenido.

Ganar dinero con tu blog: Cómo monetizarlo.

¿Qué blogs puedes monetizar?

Cualquier blog que deseé obtener ingresos puede optar por monetizarlo. Es necesario recordar que conlleva una gestión a la que es necesario dedicarle tiempo y recursos.

Tres formas de monetizar un blog:

1. Las que generan ingresos.
2. Las que ahorran gastos.
3. Las que consiguen acuerdos que no son materiales.

→ **Acuerdos con plataformas de publicidad.**

→ **Generar un pack para marcas:** Escribir un post o publicar un banner en blog + menciones en redes sociales.

→ **Vender tu blog**: Hay empresas que deciden comprar un blog ya consolidado.

→ **Formas de ahorrar gastos**: Acuerdos que no implican un pago económico.

→ **Contenido a cambio de acciones sociales.** (Follow, tweet, Like)

¿Cuándo puedes monetizar tu blog?

Por poder... cuando quieras, claro. Desde el inicio, si así lo deseas, pero pretender iniciar la rentabilidad de tu blog desde el inicio, sin haber logrado el tráfico necesario, no parece un objetivo muy razonable.

¿Qué necesitas para monetizar tu blog?

Necesidades razonables:

- Tráfico entre 30mil y 50mil visitas/mes.
- Lectores habituales y fieles. Resulta imprescindible que tengas público para cualquier acción de promoción o publicidad que realices en tu blog.
- Un calendario de contenido que asegure una determinada frecuencia de publicaciones.
- Optimización en buscadores (SEO).
- Y sobre todo que sea un blog útil para la mayoría de los lectores.

Tus Redes Sociales

⚠ **IMPORTANTE**

Casi todos tenemos redes sociales, ¿por qué no empezar a usarlas como un profesional?

Te hagan mayor o menor gracia, tengas o no tengas tu propia teoría sobre ellas, te muestres reticente o entregado... no son opcionales. Las redes sociales son fundamentales para tu marca personal, ¡nada que discutir!

Jamás ha sido tan sencillo contactar con cualquier persona (o usuario) del mundo. Nunca las posibilidades de hacernos visibles han sido más grandes: ¡utilízalas!

Protocolo (sencillo) RRSS

1. Plantéate esta pregunta: **¿en qué redes debo estar?**
2. Contesta a esta pregunta: **¿quién es mi público objetivo?**
3. **Identifica en qué redes se encuentra más activo tu público objetivo**, es decir, dónde consiguen la información que tú estas dispuesto a facilitarles.

LinkedIn

Es la red social que fortalece tu marca profesional, la red profesional por excelencia.

Si no estás, ¡ponte manos a la obra!: Prepara un perfil detallado, añade contactos y participa activamente en los grupos. **www.linkedin.com**

BeBee

Bebee es una red social de afinidad, en la que cada usuario conecta con contenido y personas afines a él. Aúna tanto el aspecto profesional como el personal, con ello se pretende potenciar el *networking* con aquellas personas afines entre sí.

Sus fundadores detectaron que en las redes sociales existía mucho contenido que no era relevante para los usuarios (mucho ruido) y ciertas carencias en Linkedin por lo que decidieron crear esta nueva red social que permite mayor facilidad para conectar con otros usuarios: El sistema que se sigue en BeBee es similar al de Twitter es decir, si alguien te interesa pues le das a seguir. No necesitas enviar una invitación a esa persona y que esta la acepte.

Actualmente cuenta con más de 10 millones de usuarios en más de 100 países, de los cuales unos 4 millones están en España.

Twitter

Tu cuenta de Twitter muestra tus intereses pero también tu personalidad, cómo son tus intereses, cómo te relacionas con otras personas... Twitter —como la mayoría de las RRSS—, te desnuda...

> **👁 ¡OJO!**
> Se trata de una plataforma que permite lanzar mensajes de una longitud máxima de 140 caracteres donde los usuarios comparten información entre sus followers (seguidores) sobre lo que hacen, piensan, sienten, desean...

1. Cuantos más seguidores más probabilidades tendrás de que tus tweets sean indexados.
2. Los *tweets* con imágenes y *hashtags* aumentan la probabilidad de indexación.
3. Los *tweets* que contengan *links* con un alto grado de clicks hacia el contenido del mismo tienen una mejor tasa de indexación en Google.
4. Participar en "Twitter chats" puede ayudarte a desarrollar tu marca.

Terminología de Twitter:

- **Tweet**: texto de **140** caracteres que escriben los usuarios.

- **Retweet o RT**: Reenviar un tweet.
- **Time Line o TL**: Cronología que se muestra en la pantalla principal de Twitter.
- **Hashtag**: Forma de identificar el tema sobre el que trata el tweet. Va seguido del símbolo "#".
- **MD**: Mensaje directo, es un mensaje privado entre usuarios.
- **Followers:** Personas que siguen nuestros tweets.
- **TT o Trending Topic:** Los temas más comentados por los usuarios de Twitter

⚠ **IMPORTANTE**

Con Twitter podrás mostrar como eres, pero también hacer contactos valiosos. ¡No lo olvides!

Facebook

Es la red social generalista. Se emplea para estar en contacto con familiares y amigos, pero también tiene su versión profesional a través de las llamadas "Páginas profesionales" o "fan page". Estas páginas están diseñadas para difundir información de una forma pública, apropiada para promocionar una empresa, negocio, o personajes públicos que quieran acercarse a sus seguidores/fans.

- **Registro de actividad**: Es una herramienta que te ayuda a revisar todos los mensajes que has compartido en Facebook.

- **Perfil personal**: Es una cuenta destinada para uso personal o particular.

- **Grupos**: Función que permite compartir información entre un grupo de amigos. Es una opción que cualquiera puede crear.

- **Pagina de seguidores o fanpage**: Cuenta destinada para uso comercial.

- **Amigos**. Para contactar con amigos.

- **Seguidor o fan:** Persona que sigue las publicaciones de una página de seguidores.

- **Compartir:** Cuando se comparte información con nuestros amigos citando la fuente.

- **Muro o feed de noticias:** Resumen de las principales publicaciones y actividades de nuestros amigos, grupos y páginas de seguidores a las que estamos suscritos.

- **Me Gusta:** Te gusta una publicación en Facebook.

- **Timeline**: Muestra la información más relevante de un perfil o página.

- **Facebook Ads:** Sistema de publicidad de Facebook.

- **Aplicaciones:** Programas que nos permiten personalizar y agregar funciones a nuestra página de seguidores de Facebook o utilizar diferentes herramientas adicionales.
- **Chat:** Herramienta de los perfiles personales utilizada para comunicarse con amigos.
- **Inbox:** Función que nos permite enviar mensajes privados.

YouTube

Una de las webs más vistas del mundo donde millones de personas interactúan diariamente para ver vídeos de todo tipo: películas, series, escenas, tutoriales y así un largo etcétera. Resulta especialmente interesante para el profesional, la empresa y el marketing online.

👁 **¡OJO!**
Tu Marca Personal, seguro, puede mejorar con YouTube.

⚠ **IMPORTANTE**
¿No crees que YouTube es un buen lugar para potenciar tu marca personal? ¿A qué estás esperando?

Instagram

Un reciente estudio indica que el nivel de *engagement* de Instagram ya supera incluso al de Facebook. El motivo reside en que mayoritariamente se comparte, fotos y vídeos, que son precisamente los contenidos que más atracción generan en la red.

Google+

La plataforma de Google es una buena forma de posicionar tus contenidos y marca personal dentro de un entorno propiedad del principal buscador, además de conectar con otros perfiles.

No olvides:

- Identificar aquellas redes sociales en las que esté tu *target*.
- Seleccionar sólo las redes que te ayuden a alcanzar tus objetivos.
- Usar una imagen sólida y reconocible.
- Escribir una biografía interesante y cuidada.
- Cuidar el lenguaje (y el tono).
- Controlar contenido privado/público.
- Personalizar el mensaje en cada red social.
- Compartir contenido relevante.

- Diseñar una estrategia cruzada de publicación de contenidos.
- Conectar...
- Definir un horario y tiempo de dedicación.
- Ser constante y tener paciencia por obtener resultados.
- Analizar, medir y valorar resultados.

> ⚠ **IMPORTANTE**
>
> *De los objetivos que puedas marcarte, uno de los principales a perseguir con tu Marca Personal será el de mejorar tu perfil profesional, tanto si eres un trabajador por cuenta ajena como un profesional independiente. Las RRSS te ayudan en la labor.*

Marca Personal y gestión emocional

Es la huella emocional que dejas en tu entorno. Puedes tener talento, pero si no sabes ganarte el corazón de quien te lee, quien te escucha, o quien quieres que trabaje contigo, es muy probable que eviten tenerte en cuenta para su empresa, proyecto o equipo de trabajo. La inteligencia emocional es más importante de lo que crees para dejar huella... y por tanto, un *as en la manga* para pilotar con éxito tu marca personal.

> ⚠ **IMPORTANTE**
>
> *Tus emociones o para hablar con mayor propiedad, la gestión que hagas de ellas...pueden fortalecer o debilitar las relaciones que establezcas con las personas que te rodean, por ello saber gestionarlas es fundamental para tu Marca Personal.*

> 👁 **¡OJO!**
>
> Una Marca Personal será aún más potente, más allá de las habilidades y conocimientos profesionales, si es capaz de crear conexiones emocionales fuertes.

Marca Personal y sus dimensiones emocionales

Es preciso gestionar nuestras emociones para generar las conductas adecuadas hacia los objetivos deseados ya sea ese objetivo una respuesta adecuada ante una determinada situación, la consecución de una meta o la gestión de nuestra Marca Personal. ¡Se impone la gestión emocional!

Las competencias emocionales y su correspondencia en el proceso de *Personal Branding*

Goleman, Boyatzis y McKee, establecen las cuatro competencias emocionales del liderazgo.

1. **Conciencia de uno mismo.** Solo podemos gestionar lo que conocemos.

2. **Autogestión.** Ahora que nos conocemos podemos gestionarnos.

3. **Conciencia de los demás.** Ahora te queda conocer a los demás para luego poder gestionar las relaciones. Pura lógica.

4. **Gestión de las relaciones.** Conocer a los demás nos permite gestionar nuestras relaciones efectivamente.

Estas cuatro competencias emocionales, por tanto, nos permiten una adecuada gestión de la huella que vamos dejando.

> ⚠ **IMPORTANTE**
> *Cultivar la inteligencia emocional facilitará y tendrá un impacto directo en la gestión de nuestra Marca Personal.*

¿Qué son las emociones?

¡La chispa de la vida! Aunque, lo cierto es que resulta complejo definir una palabra que guarda en sí misma la esencia fundamental del ser humano. Vivir, significa sentir. Nos relacionamos con el mundo a través de nuestras emociones.

Un abanico de emociones que poseen la facultad de paralizarnos, confundirnos o precipitarnos. Forman parte de nuestra existencia.

> 👁 **¡OJO!**
> Constituyen un laberinto de sensaciones que guardan el mágico poder de influir en nuestra manera de ver el mundo.

La emoción, moviliza a la persona y le crea estados mentales y comportamientos beneficiosos o perjudiciales, provechosos o nocivos. Nos mueven a irritarnos, a sentirnos tristes, a dar saltos de alegría o a hacer lo que sea preciso si estamos asustados.

⚠ **IMPORTANTE**

En la experiencia de una emoción generalmente interviene un conjunto de conocimientos, actitudes y creencias sobre el mundo, que utilizamos para valorar una situación concreta y que influyen en el modo en que percibimos dicha situación.

👁 **¡OJO!**

Una característica intrínseca de la emoción incluye siempre un juicio o valoración por parte de quien la vive.

A menudo las emociones se generan en el recuerdo. La memoria emocional es la residencia de todas nuestras experiencias vividas desde la infancia hasta la edad adulta.

Funciones de la emoción

Las emociones en general, poseen una serie de características esenciales que resultan de interés conocer.

A modo de resumen, he elegido el utilizado por Leslie Greenberg para definir las funciones más importantes de las emociones:

- Representan una señal. Informan.
- Nos preparan para la acción.
- Evalúan si las cosas van bien o todo lo contrario.
- Vigilan el estado de nuestras relaciones.
- Sirven de señales para los demás.
- Decidir actuar frente a la señal es importante.

El miedo: Dinamitando proyectos

No son pocos quienes viven gobernadas por el miedo, se aferren a personas y circunstancias de su vida que están muy lejos de hacerles felices. Pero dominados por el miedo temen arriesgar, experimentar cosas nuevas les sumerge en un mar de inseguridades en el que les resulta imposible nadar.

⬤ ¡OJO!

La mala gestión de esta emoción puede hacernos huir y escondernos de aquellas cosas que realmente deseamos: ofertas laborales, viajes frustrados, cambios de trabajo... experiencias que dejamos pasar, simplemente porque no nos atrevemos a realizarlas.

Y, creo que en términos generales, hay un momento en la biografía de todos nosotros en los que las experiencias vividas, pueden chocar con nuestras viejas estructuras e ideas de la vida, y comenzamos a hacernos preguntas ¿es esto lo que quiero? ¿Estoy satisfecho con mi vida? ¿Qué harías si no tuvieras miedo?

Hazlo ahora, vamos... deja volar tu imaginación ¿que harías si no tuvieras miedo? Dedícale solo unos segundos, sin que nada te interrumpa. Medítalo. Haz una lista de las limitaciones que provocan tu miedo: qué mundo te impide conocer, que personas te obliga a evitar, que actividades dejas de realizar. Es probable que te sorprendas.

> **¡OJO!**
> Interpretar los retos como amenazas significa ver los desafíos en relación con sus posibles consecuencias negativas en vez de las positivas, haciendo más énfasis en que puedes perder en lugar de dar una oportunidad a lo que podrías ganar.

Si sientes miedo, tal vez estás viviendo la situación como una amenaza. Prueba a verla como un reto que quieres superar. El miedo a lo desconocido afecta profundamente nuestras creencias, nuestros comportamientos y nuestra percepción del bien y del mal escribe Rush W. Dozier en *El miedo mismo*.

¿De dónde surgen?

Conductas aprendidas de miedo, de anteriores traumas, situaciones difíciles, sucesos dolorosos.

Temores y miedos neuróticos, muchos de los cuales enraízan con la infancia y se deben a la educación, a las relaciones entre los padres o de los padres y a otros factores.

- **Miedo por anticipar**, con la incontrolada imaginación, situaciones desagradables de futuro.
- **Miedos derivados** por sentimiento de inferioridad, inseguridad y baja autoestima.
- **Miedo que viene provocado por el ego** cuando se expone a ser herido, negado, reprobado o desconsiderado.
- **Miedo cuando una persona tiene que manejarse** fuera de su campo de acción o dominio, sintiéndose insegura y angustiada.
- **Miedo por imitación de modelos**: aprendizaje social
- **Miedos por asimilación de mensajes alarmantes**. Una educación que insiste demasiado en los peligros de cualquier situación puede llevar a la medrosidad.

Miedo al cambio

⚠ **IMPORTANTE**

Casi todos los miedos se reducen al pánico que nos produce el cambio.

Este aparece en la intersección de una variación que surge en nuestra vida. Algo termina o va a terminar. En realidad, lo que origina la angustia es la inseguridad ante la perspectiva de perder algo que a uno le resulta familiar pero, sobre todo, no saber que viene a reemplazarlo.

Nuestra respuesta en este caso es resistirnos al cambio que en términos generales vivimos como una amenaza. Vivimos la incertidumbre que conlleva cada cambio con una ansiedad que nos ahoga. El terror del cerebro a adaptarse a nuevas reglas del juego, el pánico a perder el control de la situación, la inercia de las costumbres y los intereses establecidos, el peso de la tradición y la historia se alían para poner obstáculos a la innovación y al cambio.

Piensa en la ansiedad que te provocaron en su momento aquellos cambios que de manera voluntaria o impuesta has ido realizando a lo largo de tu vida. Incluso en el caso de que estuvieras deseando ese cambio, es muy probable que sufrieras un periodo de ansiedad.

👁 **¡OJO!**

La rutina nos aburre pero, seamos sinceros, es cómoda. Por este motivo son tantas las personas que siguen en un trabajo que no les gusta, mantienen una relación que no les satisface, perpetúan comportamientos que les insatisfacen. Descontentos, si, pero cómodos en su insatisfacción.

Admitámoslo, fantaseamos con posibles variaciones de nuestra vida pero no nos gustan los cambios así que la mayor de las veces nos limitamos a tolerar lo que ya conocemos. ¡Craso error!

Lo que nos diferencia del resto de las criaturas vivientes es el poder de cambiar a voluntad, de trasformar aquellas cosas y circunstancias que nos insatisfacen, que nos disgustan o simplemente han dejado de interesarnos, lástima que, este, sea un don que en raras ocasiones ejercemos.

> ⚠ **IMPORTANTE**
>
> *Cambiar puede significar renacer. Es necesario concedernos la oportunidad de una nueva vida.*

✎ *Los seres humanos no nacen de una vez para siempre el día que la madre los pare, sino que la vida los obligo a parirse a sí mismos una y otra vez.*

Gabriel García Márquez

Querer es poder, dice el refrán popular, no le falta razón. Aunque, creo que con el deseo no es suficiente; para modificar, para conseguir cambios en nuestras vidas hay que invertir tiempo y constancia. Los investigadores James Prochaska, John Norcross y Carlos Di Clemente, después de analizar cientos de procesos de cambio —desde dejar de fumar, pasando por la modificación de todo tipo de comportamientos— nos enseñan en su libro *Changing for good* que los cambios exitosos siguen seis pasos. Échales un vistazo, a ver si te puede servir de hoja de ruta.

Fases de un cambio con éxito:

1. **Precontemplación:** No estamos preparados. La persona no está todavía dispuesta a cambiar, porque no es consciente de lo que necesita, o se siente abrumada, o está en el simple "debería".
2. **Contemplación:** Nos planteamos el cambio y empezamos a tomárnoslo en serio. La persona está incubando la intención. Cree que debería empezar a cambiar.
3. **Preparación:** Tenemos un plan. Desea marcarse objetivos y reconoce el coste de alcanzarlos.
4. **Acción:** Iniciamos los primeros pasos. Especifica no solo los objetivos, sino los obstáculos y fuentes de ayuda y la secuencia que cabe seguir.
5. **Mantenimiento:** Empezamos a convertirlo en habitual. A pesar de las tentaciones, los comportamientos se mantienen.
6. **Terminación:** Lo hemos conseguido. El objetivo de cambio se ha cumplido. El comportamiento se ha arraigado.

Si haces lo que siempre has hecho. Obtendrás lo que siempre has obtenido.

Anónimo

Miedo al fracaso

El miedo al fracaso se encuentra muy frecuentemente unido a ese miedo fundamental de la persona a perder su valor, a devaluarse como ser humano.

¡OJO!
El miedo al fracaso nos sitúa frente a esa sensación de vergüenza ante quienes pueden juzgarnos.

El miedo a fracasar tiene que ver con la absurda manía de exagerar las consecuencias del posible fracaso.

⚠ IMPORTANTE
Si este es tu caso, pregúntate: ¿Qué es lo peor que podría pasar? ¿Qué consecuencias tan terribles tendría para tu vida intentarlo y no conseguirlo o que finalmente las cosas no sean como tú las habías proyectado?

Frecuentemente el miedo paralizante se despeja cuando entendemos que "lo peor que podría pasar" en el fondo, no es tan tremendo si lo pensamos con claridad. Puede que esta ingenua pregunta, te ayude a valorar si das un paso hacia adelante o te quedas en el mismo lugar.

La única manera de liberarse del miedo a hacer algo, es sencillo, no consiste en otra cosa que en hacerlo.

Si piensas que puedes, acertarás. Si piensas que no puedes, también acertarás.

Henry Ford

Y si fracaso, ¿qué?

No he encontrado mejor contestación a esa pregunta que la que ofrece un conocido y viejo aforismo: "¡Si has tomado el camino equivocado, no sientas lastima por ti mismo, y da la vuelta!". No queda otra.

Deben ser muy pocos quienes nunca han experimentado este miedo, y me consta que muchas personas lo padecen durante casi toda su vida.

Cada fracaso enseña algo que el hombre necesita aprender

Charles Dickens

¡OJO!

El miedo al fracaso va frecuentemente unido a ese miedo fundamental de la persona a perder su valor, a devaluarse como ser humano.

Voluntad y Marca Personal

El músculo de la voluntad

Dos factores fundamentales para alcanzar el éxito:

1. Capacidad para arriesgarse.
2. Voluntad para perseverar en el objetivo.

Las personas de voluntad fuerte suelen tener motivaciones potentes, buena capacidad de raciocinio, poder de decisión y firmeza en la acción. No se retraen ante las adversidades y son constantes en su intención, hasta lograr lo que buscan. Ese acto que los antiguos filósofos llamaban voluntad y los psicólogos actuales denominan decisión. Enrique Rojas, catedrático en psiquiatría en su libro *La conquista de la voluntad*, la define como la piedra angular del éxito en la vida y uno de los más excelentes rasgos de la personalidad: hace al hombre valioso y le permite lograr sus objetivos.

👁 ¡OJO!

La voluntad necesita ser educada; no se alcanza porque si, sino tras luchar por cosas pequeñas una y otra vez.

José Antonio Marina, se pregunta en su libro *El misterio de la voluntad perdida*, por qué hoy nadie parece interesarse por la voluntad. Buena reflexión.

⚠ IMPORTANTE

La voluntad elimina de un plumazo las limitaciones al trabajo y a los proyectos. La voluntad recia y constante posee la mágica capacidad de guiarnos a un mundo donde los proyectos se convierten en realidad.

✒ *Para que pueda surgir lo posible, es preciso intentar una y otra vez lo imposible.*

Hermann Hesse

Anexo

Cuestiones legales antes de lanzar tu Marca Personal

1. **Registra tu Marca:** De este modo serás el único que pueda utilizarla, tendrás su exclusividad. (Web de la Oficina Española de Patentes y Marcas)
2. **Redacta el aviso legal de tu web con interés.** Debes cumplir los requisitos de la Ley de Servicios de la Sociedad de la Información y de Comercio Electrónico, identificarte debidamente y facilitar tus datos de contacto a tus usuarios.
3. **Ten cuidado con las fotos que utilizas.** La Ley de Propiedad Intelectual establece que es el autor de una obra, en este caso una fotografía, quién tiene la plena disposición y el derecho exclusivo a la explotación de la misma.
4. **Inscribe tu fichero.** Puedes hacerlo telemáticamente mediante el sistema electrónico. La Ley Orgánica de Protección de Datos establece que siempre que se recopilen datos personales en un fichero, debemos inscribirlo en el Registro General de Protección de Datos mediante su notificación a la Agencia Española de Protección de Datos,
5. **Política de privacidad y cookies.** Cualquier página web que recoja y gestione datos personales debe incluir una política de privacidad. Así lo establece la

LOPD. Del mismo modo es obligatorio que informes del uso de cookies, que la Ley de Servicios de la Sociedad de la Información y de Comercio Electrónico define como "dispositivos de almacenamiento y recuperación de datos en equipos terminales de los destinatarios" (art. 22) y pidas expresamente el consentimiento de los visitantes de tu web para el empleo de aquellas que no son técnicamente imprescindibles para su funcionamiento

6. **Pide permiso para enviar correos electrónicos.** La LSSI prohíbe de forma expresa el envío de este tipo de emails si no han sido solicitados o expresamente autorizados por quienes van a recibirlo.

Patrocinio

comunicados
Business Comunication

Este libro está patrocinado por **Comunicados** *Bussiness Comunication*, la agencia de comunicación 360° en el entorno offline y online.

Comunicados es una agencia de comunicación especializada en empresas, proyectos de emprendimiento, negocios de franquicias y startups.

Cuenta con un equipo experto en generación de contenido de valor que marcan la diferencia con el consumidor, aportando un valor adicional a la comunicación comercial.

Diseñamos estrategias personalizadas dirigidas a lograr visibilidad para nuestros clientes en los distintos medios de comunicación on y offline.

Web: **www.comunicados.pro**
E-mail: **info@comunicados.pro**
Tfno.: **910 22 08 57**

Autores para la formación

C⦿nferencias
EDITATUM

Editatum y **GuíaBurros** te acercan a tus autores favoritos para ofrecerte el servicio de formación GuíaBurros.

Charlas, conferencias y cursos muy prácticos para eventos y formaciones de tu organización. Autores de referencia, con buena capacidad de comunicación, sentido del humor y destreza para sorprender al auditorio con prácticos análisis, consejos y enfoques que saben imprimir en cada una de sus ponencias.

Conferencias, charlas y cursos que representan un entretenido proceso de aprendizaje vinculado a las más variadas temáticas y disciplinas, destinadas a satisfacer cualquier inquietud por aprender.

Consulta nuestra amplia propuesta en **www.editatumconferencias.com** y organiza eventos de interés para tus asistentes con los mejores profesionales de cada materia.

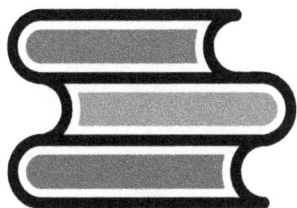

EDITATUM

Libros para crecer

www.editatum.com

Nuestras colecciones

Guías para todos aquellos que deseen ampliar sus conocimientos sobre asuntos específicos, grandes personajes, épocas, culturas, religiones, etc., ofreciendo al lector una amplia y rica visión de cada una de las temáticas, accesibles a todos los lectores.

Guías para gestionar con éxito un negocio, vender un producto, servicio o causa o emprender. Pautas para dirigir un equipo de trabajo, crear una campaña de marketing o ejercer un estilo adecuado de liderazgo, etc.

Guías para optimizar la tecnología, aprender a escribir un blog de calidad, sacarle el máximo partido a tu móvil. Orientaciones para un buen posicionamiento SEO, para cautivar desde Facebook, Twitter, Instagram, etc.

Guías para crecer. Cómo crear un blog de calidad, conseguir un ascenso o desarrollar tus habilidades de comunicación. Herramientas para mantenerte motivado, enseñarte a decir NO o descubrirte las claves del éxito, etc.

Guías prácticas dirigidas a la salud y el bienestar. Cómo gestionar mejor tu tiempo, aprenderás a desconectar o adelgazar comiendo en la oficina. Estrategias para mantenerte joven, ofrecer tu mejor imagen y preservar tu salud física y mental, etc.

Guías prácticas para la vida doméstica. Consejos para evitar el cyberbulling, crear un huerto urbano o gestionar tus emociones. Orientaciones para decorar reciclando, cocinar para eventos o mantener entretenido a tu hijo, etc.

Guías prácticas dirigidas a todas aquellas actividades que no son trabajo ni tareas domésticas esenciales. Juegos, viajes, en definitiva, hobbies que nos hacen disfrutar de nuestro tiempo libre.

Guías para aprender o perfeccionar nuestra técnica en deportes o actividades físicas escritas por los mejores profesionales de la forma más instructiva y sencilla posible,

guíaburros
Comunicar con éxito

guíaburros

Crecimiento Personal

Comunicar
con éxito

María José Bosch

GuíaBurros Certificados de Calidad es una guía con técnicas y estrategias para aprender a hablar en público

+INFO

http://www.comunicarconexito.guiaburros.es

guía
burros

Hablar y escribir con corrección

guíaburros — Crecimiento personal

Hablar y Escribir con corrección

Todo lo que debes saber para comunicarte con precisión

Delfín Carbonell

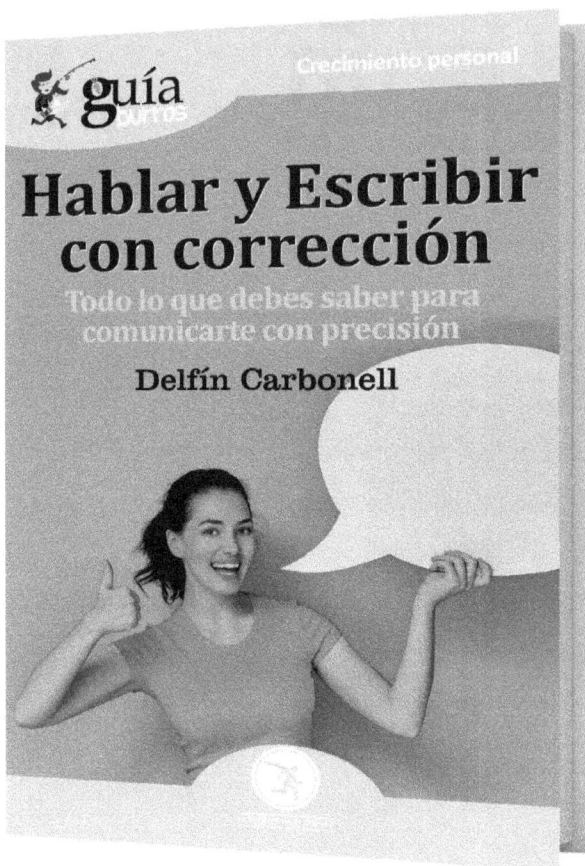

GuíaBurros Hablar y escribir con corrección es una guía con todo lo que debes saber para comunicarte con precisión.

+INFO

http://www.hablaryescribir.guiaburros.es

guía burros

Coaching

Crecimiento Personal

guía
burros

COACHING

Todo lo que necesitas para entrenar y desarrollar tu talento

Beatriz de la Iglesia

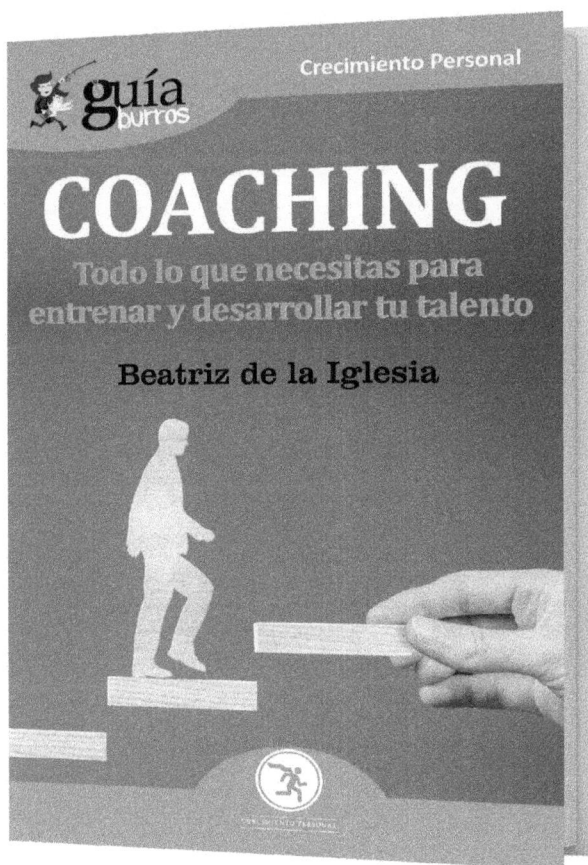

GuíaBurros Coaching es una guía con todo lo que necesitas para entrenar y desarrollar tu talento.

+INFO

http://www.coaching.guiaburros.es

www.ingramcontent.com/pod-product-compliance
Lightning Source LLC
Chambersburg PA
CBHW031943190326
41519CB00007B/645